**Bright Kids
Who Can't Keep Up**

Help Your Child Overcome Slow Processing Speed and
Succeed in a Fast-Paced World

聪明却拖拉的孩子
如何帮孩子提高效率

[美]埃伦·布拉滕(Ellen Braaten) 布赖恩·威洛比(Brian Willoughby)◎著
顾凯妮◎译

献给彼得，你教会了我要按自己的节奏前进，这个节奏是人生唯一值得遵循的节奏。

——埃伦·布拉滕

（Ellen Braaten）

献给纳森、劳丽、莱尔和谢里尔，你们对我的学业和事业的坚定支持帮我成为最好的自己。

——布赖恩·威洛比

（Brian Willoughby）

致　　谢

我们花了三年写这本书,一本关于如何让孩子做事情更快的书,而我们自己却多花了两年的时间。在我们写这本书的时间里,你们中那些一直参与我们生活的人应该很"感激"这样的讽刺。实际上,用"感激"来形容你们对我们的感受可能不准确,但"感激"却是我们表达对你们的感受的最好的词语。在写这本书的过程中,我们依靠了很多人,尤其是我们的家人。有时候他们担心我们两个是不是花太多的时间谈论为什么我们还没有写完书,而不是花更多的时间来真正写书。你们知道自己是谁,你们可能比我们还开心这本书终于完成了。

吉尔福德出版社(Guilford Press)的编辑姬蒂·穆尔(Kitty Moore)和克里斯·本顿(Chris Benton),不仅在编辑手稿和帮助我们拓展话题方面非常出色,还在我们花时间落实想法的时候对我们非常耐心。当我们第一次和姬蒂讨论这个话题时,我们很难向她描述清楚为什么需要写这本书,但当我们说这是家长们每天都有的挣扎时,姬蒂相信了我们。之后,她和克里斯帮助我们清楚地讲述这些挣扎背后的原因和解决方案。对一个作家来说,没有比姬蒂和克里斯更好的朋友、导师、评论家和支持者了。我们极大地受益于他们的智慧、洞察力和幽默感。

我们必须大力感谢我们在学习和情绪评估项目(Learning and Emotional Assessment Program, LEAP)中的同事。任何地方都没有比他们更好的一群人了。项目里的每一位员工、博士后、实习生都对我们写作本书有影响。我们尤其要感谢达琳·马乔（Darlene Maggio），她让我们的生活正常运行，并在这本书大大小小的细节上帮助了我们。没有她，我们可能已经迷失了方向。

我们感谢在整个过程中支持我们的家人和朋友。我们还要感谢詹姆斯·奥洛夫松（James Olofson），他帮助我们绘制了图表。我们对他付出的所有时间感激不尽。此外，我们还要特别感谢汉娜·布拉滕（Hannah Braaten），因为她是我们信赖的第一位读者。谢谢她说"赶快写完吧"。好吧，是时候写完了。她是全世界最好的女儿。

最后，这本书背后的灵感源泉是你们——我们天天见的家长和孩子，是你们教育了我们，激励了我们。希望你们在阅读这本书时意识到你们并不孤单。

译 者 序

2019年，我就职于波士顿郊区的一所特殊教育学校。我带的班级里有位学生叫M，他让我抓狂，因为他实在是太——慢——了——每天晨会，他都是最后一个到我的教室，也是最后一个离开的。为了他去上课不迟到太多，我会提前让他开始收拾，有时候还会帮他一起收拾书包让他快点赶去下一节课的教室。尽管如此，我依旧经常收到其他老师对他的迟到"投诉"。M走路慢，说话慢，反应慢，做作业更慢。其他学生大概半小时可以完成的作业，M的父母说M最起码需要一个半小时才能完成。这倒不是因为作业太难，而是M就是动作很慢，还容易开小差。有时候他还坚持要补上课堂上没有完成的任务，所以做作业的时间就更长了。每天晚上M和M的父母都觉得精疲力尽。M做事的拖拉还严重影响了他交朋友。下课后当同学们已经奔向操场的时候，他还在一个人收拾书包。中午当大家都找到座位和朋友一起开始吃饭时，他还没有到餐厅。等他到了餐厅，很多桌子都坐满了，他只好随便找个有空的地方坐。我是个急性子，M实在太让我抓狂了，我太替他着急了！我恨不得替他收拾书包，替他做作业。如果可以的话，我想在他的耳朵旁安一个复读机："快点啊！抓紧啊！你可快点呀！"

M有注意力缺陷多动障碍（attention deficit and hyperactive disorder, ADHD）和读写障碍（dyslexia）[①]，我对这两个名词都不陌生，也有很多其他学生有类似的诊断，但是我不明白为

[①] 编注：又译为阅读障碍，是一种阅读和拼写障碍。

什么M可以这么慢。我重新阅读了M的脑神经心理评估报告（neuropsychological evaluation report），发现他的加工速度（processing speed）跟同龄人相比处于第2个百分位数，也就是说他的加工速度只比2%的同龄人快。而他的其他测试指标，比如理解能力和推理能力，都处于平均水平甚至是远高于平均水平。M的脑神经心理评估报告告诉我：M很聪明却拖拉。

"聪明却拖拉"听上去似乎不太合理。在我从小的印象里，聪明的孩子一学就会，反应迟钝的孩子一般不聪明。"聪明却拖拉"，可能吗？当然可能！布拉滕博士和威洛比博士的这本书解答了我的疑问，帮助我更好地理解了M这样的学生，也让我成为一个更好的老师和教育治疗师（educational therapist）。

在此要感谢我所有的学生，是多样的他们督促我不断学习进步，成为更好的教育工作者。也要感谢暑假读书会的成员和我一起研读这本书。这个由几位学校心理学家和临床干预的专业人士组成的读书会每个暑假都不缺席，大家总是在努力提高专业素养以更好地服务学生和家长。是这群伙伴激励我把这本书翻译成中文，造福华语世界的读者。

在过去的一年里，我也成了一位母亲。看着我的女儿豆豆开始学习抬头、翻身、爬行，我深刻体会到每个孩子都有自己的节奏。在这个快节奏的世界里，快速太容易被等同为优秀，慢速太容易被误解为不聪明。希望这本书能够消除一些偏见，赋能孩子、家长及老师等专业人士。

顾凯妮

2023年5月

前　言

"我的孩子刚刚接受了韦克斯勒儿童智力量表（Wechsler Intelligence Scale for Children, WISC）测试。评估者说孩子的加工速度很慢。这是什么意思？"

"不管我怎么做，我的孩子做事总比同龄人慢。有什么方法可以帮他快起来吗？"

"我的孩子被诊断为注意力缺陷多动障碍，但是她一点都不多动。相反，她太慢了，慢到都动不起来。这是怎么回事？"

这些问题都与一个特定的神经心理结构有关，那就是：加工速度。您会在本书中发现，加工速度是一个有些难以描述的概念，当加工速度不理想时，其影响比大多数家长意识到得更为普遍。加工速度缓慢带来的问题跨越学习障碍、发育障碍和注意力问题等障碍，也会让孩子和家长感到沮丧。当家长了解到加工速度对他们的孩子来说是一个挑战时，他们通常会因为总算有个解释而感到宽慰，同时，他们也急切地想知道自己可以如何帮孩子克服这个问题。

作为在麻省总医院和哈佛医学院的学习和情绪评估项目工作

的儿童心理学家，我们每年评估上百个孩子。我们发现，关于加工速度的问题是我们最常被问到的问题之一。幸运的是，这些问题是有答案的，因为除了我们自己和其他学者在做这方面的研究，我们还拥有基于丰富的临床经验的坚实的信息来源。我们见到的家长不仅想了解孩子的神经认知特征，还想知道他们要如何解决每天面对的问题——孩子在试图接收信息时有停顿，孩子在遵循指示行动时需要很长时间，孩子似乎在每个团体中都落在后面，孩子总有做不完的家庭作业。家长们想知道孩子的症状是否会改善。如果不会改善，那他们想知道如何与这样一个和其他家庭成员生活节奏不同的孩子一起生活。

  本书试图预测并解答您在知道孩子的加工速度缓慢时可能产生的问题。尽管我们并不能解答每个问题，但是我们会让您知道什么是加工速度，加工速度是如何影响家庭和社交关系，又是如何影响学业表现的。我们也会告诉您如何应付和解决这些问题。您可以做很多事情来补偿孩子在加工速度方面的不足，以确保孩子在家庭、学校及其他社交场合取得成功，并保持快乐的心情和健康的自尊。最重要的是，您会意识到您家孩子的问题并不罕见，您的处境并非无法改善。

目 录

第一部分 理解加工速度

第一章 "如果我的孩子真的聪明,那他怎么这么拖拉呢?"……… 3
第二章 "我的孩子似乎跟不上,我该怎么办?"…………… 22
第三章 "那么,到底什么是加工速度?"……………… 42

第二部分 帮助您的孩子跟上日常生活的节奏

第四章 家庭成员的加工速度………………………… 59
第五章 家庭生活中的加工速度……………………… 79
第六章 课堂里的加工速度…………………………… 102
第七章 加工速度和社交关系………………………… 123
第八章 加工速度缓慢的情绪成本…………………… 146

第三部分 了解情况

第九章 加工速度的正式评估………………………… 165

第一部分

理解加工速度

第一章

"如果我的孩子真的聪明,那他怎么这么拖拉呢?"

"我理解为什么每个人都对丹尼斯感到很沮丧,因为我也是!没有什么事情是他可以按时做完的。不管是做作业、穿鞋子,还是记录电话留言,他都完成不了。要不是我了解他,我会觉得他根本不上心,但我知道他其实是很在意的。他只是不知道如何有动力做或怎么开始做这些事情。丹尼斯的父亲觉得丹尼斯就是懒。我承认看起来他确实是这样,但是我知道,如果可以的话他一定会更快地做事。比如,历史课上老师要求写一篇论文,丹尼斯有很多不错的想法,也很期待写完这篇论文,但是一旦真的要开始动笔了,他就坐在那里一动不动,好像是因为惊恐而无法动弹了一样,或者是像在做白日梦。我真的搞不懂!如果他是真的不在乎,那他就不会这么兴奋,对吧?我试着帮忙,让他把一些书里的信息先抄在卡片上,但是他要花很长时间才能在书里找到需要的信息,等他把这些信息抄下来还需要更久。他从出生开始好像就是这样的。即使在一年级的时候,仅仅是抄写单词,就只是抄写而已,他也要比其他人多花十倍的时间。他的父亲认为他懒,他的老师们觉得他不在乎,而我一直在吼他,让他快点把事情做完。我们是怎么陷入这个困境的呢?"

有些孩子天生就是做事快。他们跑步、讲话、画画，以及做其他各种事情的速度都看似符合他们的年纪。然而，有些孩子做事就没有这么快了。或者更公平地说，他们无法这么快地做事情。这些孩子可能就有被称为"加工速度缺陷"（processing speed deficits）的问题。信息加工速度（information processing speed）是一个在神经心理学界被广泛应用的术语，在教育和儿童发展领域也越发被广泛地应用。您将在本书接下来的几个章节中发现，这个术语指的是一个非常复杂的过程，所以有很多不同的定义和测量方法。加工速度这一概念也不能脱离语言、记忆或注意力等其他范畴来片面理解。

总体来说，加工速度的定义包含一个或多个以下内容：感知信息所需要的时间（可以是来自任何感官的信息，不过通常是视觉和听觉渠道）、处理信息所需要的时间、做出反应所需要的时间。加工速度的其中一个定义是指完成一个智力相关任务所需的时间，或者说在一定时间内完成的工作量。更简单地说，加工速度可以被定义为：把事情做完需要多少时间。

因为我们的文化相当看重快速做事，所以我们很难面对一个需要更多时间加工信息的神经系统。加工信息较慢的孩子和成人有时候会被认为有智力缺陷，虽然事实并非如此，但是加工速度缓慢确实会对人的认知功能的其他方面有负面影响，比如，不能快速想出答案，不能快速从长期记忆中提取信息，不记得某个时间点应该做的事情。也就是说，一个加工速度缓慢的人确实有可能在其他认知领域的能力比较薄弱，甚至也可能在智力测验中获得低分（下一章会更详细地讲解这一点），但并非总是如此，因为在某一方面的认知能力受损并不等同于整体智商较低。

以丹尼斯为例,尽管他的动作和思考似乎都慢一拍,但他实际上是一个很聪明的孩子,言语智商(verbal IQ)超过90%的同龄人。丹尼斯的慢速度似乎和他天生的聪明才智不符,所以人们容易觉得他连抄写每周的单词这种简单的作业也完成不了。

因为丹尼斯的效率低下,他的家人与他在日常生活中总是磕磕碰碰,这些矛盾的大部分和作业、家务的完成有关。当丹尼斯没有按照父母的要求完成一件事情而让他们失望时,常常只会耸耸肩,但有时候,他会愤怒地回应,说父母"不懂他"。他经常会反驳说:"你们觉得我可以做到,但是我做不到!"

一位心理健康专业人士告诉丹尼斯的父母,丹尼斯可能有对立违抗性障碍(oppositional defiant disorder, ODD)。另一位心理健康专业人士说看丹尼斯的表现他像有注意力缺陷多动障碍,还有一位专业人士说应该"顺其自然",因为"男孩子就是这样"。丹尼斯的老师和学校心理学家(school psychologist)认为丹尼斯可能有"加工问题",但是他们从未说明这是什么意思,也从未说明为什么他们这样认为。

丹尼斯的父母认为这些标签和解释都不能完全消除他们因为丹尼斯不能按时完成任务而感受到的混乱和无望。因为丹尼斯不能按时完成作业,他们需要持续不断地提醒他,花费了大量的精力。他们为了帮助他完成任务所付出的努力甚至让丹尼斯的兄弟姐妹心生怨恨。他们两个人也因为如何处理他的问题而不断地产生争执。他们感到生气、沮丧,他们不知所措、精疲力尽,甚至绝望。他们完全不知道要怎么做、该怎么办。

"那我怎么知道我的孩子有加工速度缓慢问题呢?"

您拿起这本书或许是因为您有个和丹尼斯一样的孩子,或许是因为您对"聪明却拖拉"这个话题有共鸣。也许您已经向心理健康专业人士或学校里的专业人士寻求了帮助。他们中的有些人可能建议您要保证孩子有充足的睡眠,吃更有营养的早餐,"让孩子到了学校就能开始学习",也可能建议您要更始终如一地管理孩子的行为。这些建议您可能都试过,也可能还没有尝试,因为您知道孩子并不只是有睡眠问题或者缺乏动机,其学习和认知方式有待进一步得到解释。

真正的加工速度缺陷应该由心理学家这样的专业人士通过正式的测验来评估,并给出诊断。因为有加工速度缺陷的人往往有其他潜在问题,最常见的是注意力问题。ADHD 的注意力不足型通常伴随着加工速度缓慢,但也并不总是如此。

第二大类别有加工速度缺陷的孩子是有学习障碍的孩子,例如读写障碍、非语言学习障碍(nonverbal learning disabilities)、基于语言的学习障碍(language-based learning disabilities)和孤独症谱系障碍(包括广泛性发育障碍和阿斯伯格综合征)。尽管加工速度缺陷并不是学习障碍的潜在原因,但是很多有学习和发育问题的孩子都有加工速度缺陷的特征。

还有一类孩子有短暂的加工速度缺陷。这些孩子在心理健康方面面临着一些挑战,比如抑郁、焦虑或者有社会心理的压力源(如失去了父母)。这个类别的孩子可能只在抑郁症状严重的时候才会无法完成任务，或者在非常焦虑时表现出完美主义倾向以至于任务完成得异常缓慢。

最后一个类别的孩子不符合以上任何一种情况，但是他们在所有（或者大多数）有时间限制的测验中的表现远不如在没有时间限制的测验中的表现。过去，这类孩子有时候会被诊断为"有学习障碍，未另行说明（加工速度缺陷）"。最近的诊断术语可能会把他们归类为有阅读、写作或者数学流畅性（fluency）方面的具体障碍的学习障碍。大多数情况下，诊断是由心理学家这样的有执照的专业人士在正式评估后做出的。如果您的孩子没有接受过全面的评价，那么您可以根据本书第二章的内容衡量评价的利弊。

本书的第一部分致力于帮助您理解加工速度的重要性、加工速度是什么，以及加工速度是如何影响您和孩子的生活的。我们的研究表明，更有效地应对加工速度缺陷的第一步也是最重要的一步，即理解加工速度是什么。一旦您理解了加工速度不总是在孩子的掌控中，一旦您更好地理解了孩子行为背后的原因，您帮助孩子的策略就会更加清晰。甚至在有些情况下，即使您还没有尝试本书罗列的一些策略，单是对孩子缺陷的理解也能给孩子的生活（尤其是你们的亲子关系）带来改善。

本书的第二部分会帮助您思考加工速度缺陷是如何在特定环境中影响您的孩子的，以及您可以做什么来帮助孩子。我们也会讨论加工速度缺陷会给孩子带来哪些情绪上的负面影响，以及您该如何帮助孩子缓解加工速度缓慢给其带来的焦虑、抑郁和低自尊。在本书的第三部分，我们会用几个典型的例子，综合所有的信息展示完整的评估是什么样的，以及一个全面的评估会给您下一步该怎么办提供哪些指导。我们也会告诉您去什么网站、阅读什么书籍可以获取更多的信息。通过读这本书，您会收获很多我们多年来服务过的孩子、家庭，共事过的老师们觉得有用的策略。

虽然加工速度问题也许会因孩子的年龄和潜在问题不同而在表现上有所差异，但是大多数表现都会造成孩子在学校和家里有困难，比如阅读和写作速度慢、回应要求或回答问题迟缓（即使是"你想吃什么早饭"这样的简单问题）、记忆力差、做作业速度慢。如果这些问题得不到解决，有时候就会导致孩子逃避做作业，甚至在极端的情况下厌学。这些孩子看起来也许没有行动力、慢吞吞的、毫不在乎、无精打采，对他们来说，甚至着手一个任务都很难。当他们在学校或者会议上难以集中注意力的时候，他们可能会做白日梦、眼神空洞、发呆，甚至睡着，他们也可能会坐立不安、敲笔、抖腿，玩弄头发或是桌子上的回形针，或者经常要求去厕所。他们的这类"应对机制"常常会让老师认为这些学生不上心。而实际上，他们只是因为所处的环境节奏太快而"心不在焉"。

日常生活中的信息加工速度

在日常生活中，人们做所有事情都拖拉是有代价的。有些工作就是要求快速。事实上，如果没有快速的反应能力，几乎不可能做某些工作。像急诊科医生、喷气机飞行员、交通指挥员等工作岗位都高度重视快速反应信息和快速执行任务的能力。

尽管可能不太明显，但这些能力在学校里也是很重要的。从二年级时要求完成的"一分钟数学练习",到初高中阶段穿梭于各学科教室(同时还要记得在仅有四分钟的课间时间从储物柜拿到相应学科的课本和作业),孩子快速做事的能力与他在学校里的成功是高度相关的。加工速度缓慢的孩子在学校里会遇到以下这些问题。

- 难以流利或自动地加工口头信息。
  - 听讲座和吸收讲者提供的信息有困难。
  - 记忆和执行老师给出的简单指令有困难。
  - 倾听和理解课上同学口头提供的信息有困难。
- 难以把信息写到纸上。
  - 把作业记到笔记本上有困难。
  - 完成考试有困难。
- 阅读流畅性低。
  - 在课上或考试时难以在规定时间内读完一篇文章。
  - 难以完成大量的阅读作业。
- 难以在一项任务中保持注意力。这不一定是孩子有注意力问题,而是对孩子来说,信息来得太快以至于他的注意力"跟不上"。
- 难以理解复杂的指令,尤其是当指令给得很快的时候。
- 难以快速地从长期记忆中提取信息。尽管孩子知道答案,但是当他在课上被要求回答问题时无法快速作答。
- 难以在规定时间内完成几乎所有指定任务(考试、作业、活动)。
- 难以很好地社交,因为"社交场景"变化太快了,孩子没有办法及时加工(包括言语信息以及需要快速处理的非言语信息)。

除了在学校里有困难，加工速度缓慢的孩子在家庭生活中也会遇到挫折。当家里有一个人要花很长时间做一件事时，其他家庭成员也会跟着遭罪。

以詹姆斯为例，他是一个10岁的男孩，有ADHD，加工速度极慢。日常生活中几乎所有的任务，他都要比他12岁的姐姐珍妮多花3倍的时间完成。詹姆斯从早上醒来的那一刻开始，行动就跟不上了。他花了10分钟才到洗手间，花了更长的时间决定穿什么。他常常用太久时间想早饭吃什么，以至于什么都没来得及吃就得匆忙赶去学校。与其相反，姐姐珍妮能很快梳洗好，准时准备好上校车，尽管早晨的房间里充斥着妈妈的喊声，"詹姆斯，如果你再不下来，我就要吼了"。

珍妮因为校车司机几乎每天早上都要等她弟弟到了才能发车而感到不好意思。放学后更糟，因为没有父母的不停恳求和哄骗，詹姆斯没有办法完成作业。晚饭也要花很久，因为詹姆斯会慢吞吞地来到餐桌前，花很久才决定他想吃什么，又花很久才吃完他的食物。珍妮和詹姆斯的关系越来越糟糕，她常常因为生活被弟弟扰乱而生气。同样，詹姆斯的父母也为家庭生活很糟糕而感到沮丧和伤心，因为他们总是在吼詹姆斯或者通过贿赂催他快一点。

詹姆斯的故事是非常典型的加工速度缓慢的孩子的故事。他所表现的特质符合前面罗列的在学校里会遇到的困难，他在家里的问题也很显著。加工速度缓慢的孩子在家里常有以下这些问题。

- 早上起床慢，准备好开始新的一天的速度也慢。
- 晚上准备睡觉困难，入睡困难。是的，这些孩子连入睡都慢！

- 日常任务做决定困难，比如穿什么、早饭吃什么。
- 吃东西慢，要吃好久，有时食物都凉了还没吃完。
- 完成像刷牙、洗澡这样简单的任务慢。
- 难以开始如做作业这样的任务。
- 难以在合理的时间内完成作业。
- 难以完成甚至是倒垃圾这样简单的家务。
- 记起与家庭相关的信息缓慢，比如花很久才记起一个有段时间没见面的亲戚的名字，或者不记得全家下周要去度假这件事。这会让其他家庭成员认为孩子"活在自己的世界里"，或者更糟的是觉得孩子"不在乎别人，只关心自己"。

例如，某个星期六，詹姆斯无法完全理解他妈妈说的以下这段话："今天我们要去电影院看哈利·波特系列最新的电影，但是在这之前我要先去趟干洗店，还要带你去买新鞋子，因为下周我们要去参加多蒂阿姨的婚礼。或许我们也会顺便给你买件新衣服。看完电影后，我们可以去吃冰激凌。"詹姆斯的妈妈是一边收拾早餐碗筷一边快速地说的这些。当她说"快去做好准备，我们要去看电影了"的时候，詹姆斯说："什么电影？我以为你要带我去吃冰激凌呀！"不用说，詹姆斯的妈妈肯定 肚子火，因为她认为他"没有听"。而实际上詹姆斯听了，但是对他来说，短时间内需要加工的信息太多了。

加工速度的类型

加工速度不是一个单一维度的概念。它不仅仅是我们看得多快、写得多快或者加工听到的内容多快，而是所有这些因素的集合。实际上，我们可以观察到，加工速度缺陷包括视觉信息加工速度慢、言语信息加工速度慢和运动速度慢这三个方面。在某一个或多个方面慢可能表现为学业流畅性（academic fluency）问题和其他一般的困难，但是在这三个方面全部都慢还是比较罕见的。例如，一个有基于语言的学习障碍的孩子可能理解口头语言信息很慢，但是她可能在踢足球时动作很快速、敏捷，因为她的视觉信息加工速度比较快。在这样的情况下，当她需要快速遵循教练的指示时，听觉信息加工速度方面的问题可能又会影响她的运动速度。又例如，一个孩子可能理解口头言语信息的加工速度和同龄人一致，但是写字的动作敏捷度不如同龄人。尽管速度是所有这些信息加工能力的核心，但是信息加工能力在日常生活中的表现方式和在更正式的评估中的表现方式存在很大差异。

视觉信息加工速度

视觉信息加工速度指的是我们的眼睛感知信息并把信息传递到大脑的速度。简单来说，这个速度是我们的眼睛在面对光时瞳孔放大的速度，或我们对视觉刺激做出反应的速度。这几乎和我们做的所有事情都相关。一个视觉信息加工速度缓慢的司机，他的视觉反应更慢，所以他更容易发生事故。研究表明，视觉信息加工速度慢的人会在快速查找电话号码、阅读说明书、数零钱、在拥挤的货架上找到一件物品等事情上存在困难。

言语信息加工速度

顾名思义，言语信息加工速度指的是我们听到言语刺激并做出反应的速度。"反应"可能指的是一个简单的动作反应，比如人受到惊吓时表情发生了变化或有所动作，也可能指的是解决更复杂的问题，比如理解他人的言语并提供有说服力的回应。研究表明，言语信息加工速度问题与言语记忆和指令理解问题都相关。

运动速度

在研究加工速度的领域里，运动速度一般指的是精细运动敏捷度，比如抄写和放钉子的速度，而不是跑步的速度。这在加工速度领域里是被研究最多的，主要是因为这相对更容易研究。测试加工速度的方法包括测量某人将钉子放在带有凹槽的板子上的速度的定时测试（运动速度），抄写一系列数字的测试（视觉信息加工速度和运动速度），或者阅读一个段落的测试（视觉和言语加工速度）。在这些测试中，视觉信息加工速度都起了重要作用。所以，当我们谈到学业流畅性问题，比如完成数学练习的速度、写一段话的速度或从黑板上抄写板书的速度时，我们其实在说的是视觉技能和运动技能的复杂的相互作用（通常被称为"视觉运动技能"）。对于完成某些具体的任务来说，言语加工速度也可能起到一定作用。例如，在课堂上能否跟得上记笔记，取决于一个人听到并快速理解的能力、视觉上加工板书的能力，以及在笔记本上记下信息的运动速度。

对日常生活、学习的影响

在加工速度的一个或多个方面的缺陷通常会导致孩子在日常的学习、生活中遇到困难。这可能意味着孩子需要花更多时间完成许多（即使不是大多数）任务。孩子可能因为加工速度跟不上而看上去似乎很困惑或心不在焉。有些孩子可能干脆避免参与更难的任务或避免开始新的任务，因为他们知道自己在规定的时间内完成不了，因此在开始任务前就有了挫败感。相反，有些孩子会匆忙应付任务以掩盖这些缺陷。比如，他们会很快地完成考试，不认真答完所有问题就交卷。虽然他可能没有很好地完成任务，但是他有成就感，因为他不是最慢的那个。

儿童期加工速度的发展
（或者说"我的孩子能快起来吗？"）

我们几乎每天都会被问到这个价值百万的问题："孩子的这个情况会好转吗？"这是最难回答的问题之一，在第三章（探索加工速度背后的科学）我们会介绍更多相关内容。简要的答案是：会好转。几乎每个孩子10岁的时候都会比5岁的时候更快，15岁的时候会更加快。问题是其他同龄人也在变快，加工速度是相对的。所以，即使某个孩子比以前快了，但是可能（很有可能）她依旧比同龄人慢。不过，一个孩子的加工速度确实会随着时间的推移发生很大的变化。然而，导致这些变化的因素有很多。

首先，这些变化可能与练习和经验相关。由于年幼的孩子对几乎所有任务（即使是像刷牙和决定穿什么这样简单的任务）缺乏经验，这就会导致加工速度缓慢。对加工速度的研究表明，一个人重复一项任务的次数越多，他的自动化程度越高，速度就越快。这就是为什么即使孩子的加工速度缓慢，但是像打游戏和发短信这样的任务他们依旧比父母做得更快。

其次，加工速度的加快是儿童在发育过程中大脑自然发生的结构变化所致。正如多年来计算机"升级"了，有了更快的中央处理系统，大脑在发育中有了更快的认知加工速度。这些变化包括中央神经系统里更多的联结、大脑的发育和髓鞘的形成等。髓鞘是包裹在大脑神经细胞外面的一层脂肪，可以帮助加快大脑动作电位的传递。就像电流需要绝缘层，大脑的动作电位也需要"绝缘层"，也就是髓鞘。在儿童期，"绝缘层"的发展（也就是髓鞘的形成）使大脑更快、更有效率地运作，因为它使组成大脑运作基础的动作电位更快、更有效地传递。所有这些都加快了孩子的思考速度。

经验和大脑发育这两个因素对孩子在儿童期和青春期提高加工速度是至关重要的。大多数孩子都会变得更快吗？除了有严重大脑创伤的孩子，几乎每个孩子在处理大多数事情上都会变得更快。问题是，您作为家长，可能体验不到这些好处，因为这个过程要持续到成年期早期。等您的孩子快上大学了，他可能才会很快决定早饭吃什么，并准备好出门上课，即使他还是家里最慢的那个。很快，您的孩子就去上大学或者参加工作了，但对您来说，孩子愈加成熟的、更快的加工速度体现得并不明显，而对他的室友、教授或雇主来说会很明显。

如图 1 所示：加工速度缓慢的孩子和同龄人之间的差距通常不会减小。换句话说，您的孩子会比前几年更快，但是不会比同龄人更快。应对这个问题的关键我们会在后文中提到，但是我们要在此说明，加工速度通常在成年人的生活中不是一个问题，因为我们一般会选择适合自己的职业和业余爱好。例如，一个加工速度缓慢而言语能力超常的孩子更适合做一个哲学教授，而不是一个诉讼律师。尽管这是一个笼统的概括，但生活的关键就是在最大程度发挥孩子潜能的同时保持合理的预期。并不是每种职业都要求速度快。实际上，对有些职业来说，快速反而是阻碍。了解预期是关键，这在之后的章节里我们会详细讲述。

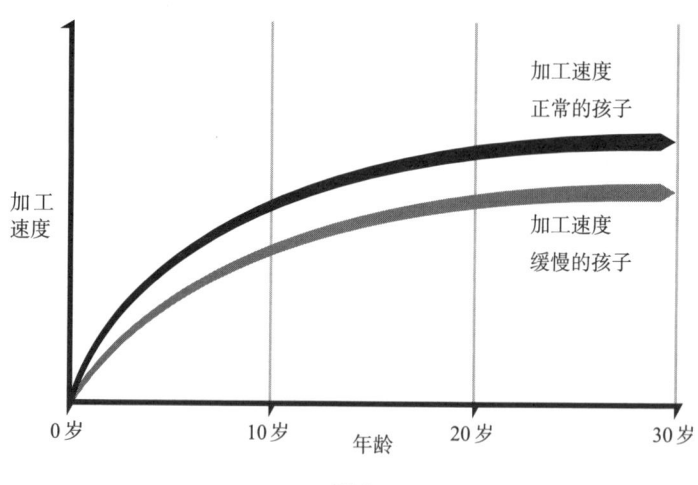

图 1

加工速度的快速测评

如果您在阅读这本书,那说明您可能已经怀疑孩子有加工速度缓慢的问题了。也许您的孩子已经通过正式的测验证实有缺陷,也许您就是知道您的孩子天生比同龄人要慢一拍。在下一章,我们会谈到有关加工速度正式评估的内容。不过,下面的自测表作为一个非正式的测评可以给您提供一些指导。自测表中的条目分成以下几个方面。

1. 言语信息加工速度(也就是"听力")
2. 视觉信息加工速度
3. 运动信息加工速度
4. 学业相关信息加工速度
5. 其他方面

请把您的答案记录下来,和第四章一个类似的自测表进行对比。在第四章我们会讨论父母和孩子加工速度的"适配度",您将有机会给自己的加工速度进行打分。您也可以用下面的自测表评估一下家里所有的孩子,这样您就会对兄弟姐妹之间的"适配度"更有概念。

通过自测,您可能会发现您的孩子在个别方面或很多方面有问题,孩子在这些问题上的表现频率和程度也会有所不同。您可能已经猜到了,总体来说,您打钩的条目越多,说明孩子在加工速度方面的问题越严重。

加工速度自测表

您的孩子是否有以下这些表现？

1. **言语信息加工速度**

    - ☐ 听别人讲话时似乎心不在焉
    - ☐ 似乎不太理解指令内容
    - ☐ 不太按照指令行事
    - ☐ 面对很多言语信息时表现得不知所措
    - ☐ 需要更多的时间才能回答问题
    - ☐ 即使知道问题的答案，也不一定愿意回答
    - ☐ 回答问题时总是很简洁
    - ☐ 不太参与课堂讨论
    - ☐ 在记忆信息方面有困难
    - ☐ 跟不上课堂授课的节奏
    - ☐ 作文中有不少语法错误
    - ☐ 社交活动中注意力不集中
    - ☐ 与人交谈时需要更长的反应时间

2. **视觉信息加工速度**

    - ☐ 容易忽略细节
    - ☐ 检查作业时很难发现自己的错误
    - ☐ 容易犯粗心造成的错误

- 很难理解社交中一些不易察觉的视觉线索
- 容易开小差，似乎沉浸在另一个世界里
- 容易忽略重要的视觉信息
- 写作时容易漏写字词

3. 运动信息加工速度

- 即使前一天晚上睡得挺好，看上去也很累
- 看上去懒洋洋的，做事情没有什么动力
- 精细动作缓慢（比如写字），大动作缓慢（比如接球）
- 不太愿意开始一项任务
- 可以完成作业，但是需要超出正常的时间
- 写字非常慢

4. 学业相关信息加工速度

- 阅读慢
- 记忆基本数学信息慢（比如乘法表）
- 上课记笔记有困难
- 写作时在构思和表达想法方面有困难
- 学业表现时好时坏
- 朗读不流畅
- 学习时容易开小差
- 容易犯标点符号和大小写错误
- 明明知道单词的拼写，但是一写就有很多错误

5. **其他方面**

- ❑ 经常看上去很困惑
- ❑ 经常看似心不在焉
- ❑ 各项任务都很难坚持到底
- ❑ 不喜欢需要注意力高度集中的任务
- ❑ 总体上大多数时候都表现得比同龄人慢一拍
- ❑ 需要更多的时间来完成任务
- ❑ 刚刚学的知识转眼就忘记了
- ❑ 经常问"什么?"
- ❑ 做一项任务刚开始时表现得挺好的,但是很快就开小差了
- ❑ 会冲动地匆匆完成任务
- ❑ 在参与社交活动或与人互动时迟疑不决

关于加工速度，未知的比我们已知的更多

您不要因为标题的这个说法而感到气馁。加工速度在儿童发展学和儿童心理学领域逐渐成为一个重要的话题，但是相较于其他与认知相关的话题，我们对加工速度的了解还很少。当然，这并不意味着我们对它一无所知。加工速度是一个多维度的变量，非常复杂。我们还不知道如何定义和测量它是最好的。虽然我们知道加工速度对社交、情感和学业表现都有影响，但是我们对于如何评估和治疗它了解得还不充分。话虽如此，但如何在加工速度方面最好地补偿和弥补缺陷，我们还是有一些想法的。研究者们也开始了解加工速度与大脑其他功能之间的联系、造成困难的一些可能的原因，以及 ADHD 和学习障碍等障碍对加工速度的影响。

如果您的孩子经常被人说"总是拖拉""总是跟不上"，那么这本书也许会帮您的家庭重获一些希望，帮您更有信心、更有能力地应对这些困难，因为您会对这些困难有更深的了解。如果您的侄子侄女或孙子孙女有这些问题，或者您是老师或治疗师，那么我们希望这本书能够为您提供所需要的知识。虽然我们没有灵丹妙药治愈孩子的缺陷，但是我们在本书中着重介绍了帮助孩子发挥潜能的具体步骤。我们有充分的理由抱有希望，因为加工速度是认知领域里一个崭新又激动人心的研究方向，每天都会有更多的研究发现。

第二章

"我的孩子似乎跟不上，我该怎么办？"

当孩子有问题，而家长不知道如何解决这个问题时，家长常感到很无助。如果您的孩子似乎无法跟上同龄人，那这个问题每天都会给您的孩子带来新的挑战和沮丧，给您带来新的烦恼和恐惧。

让我们来看看萨姆的例子。萨姆在婴幼儿时期非常可爱，从未给父母带来任何麻烦。他的母亲很高兴他和他的哥哥不一样，因为哥哥"总是东碰西撞"，而他从来没有撞到过任何东西。他总是坐在婴儿椅上或推车里安静地看着外面的世界。在游乐场里，他的动作不如其他孩子那么快，但是他的父母觉得这也挺好的。其他孩子的父母说萨姆是一个表现良好且"冷静"的小孩。

但是，萨姆一开始上学前班，情况就变了。他的老师并不觉得他"冷静"，而是说他"跟不上学校的课程"。他最后一个离开操场，最后一个吃完零食，而且似乎不太愿意参加集体活动。他的父母开始担心了，但是几乎所有人（包括萨姆的老师）都跟他们说："给他一点时间，他会成长的。"

遗憾的是，学校生活，甚至日常生活，都在不断地给萨姆带来挑战。一年级时，老师问萨姆的父母是否考虑"为萨姆做一个测验"。萨姆的父母不明白这是什么意思,而老师也不知道该如何很好地解释测验的重要性和益处。似乎所有人都无法准确地描述萨姆跟不上的原因。萨姆的一年级老师认为萨姆可能有 ADHD,二年级老师认为萨姆可能有学习障碍,而三年级老师说:"如果他(萨姆)得不到一定的帮助,我们可能要考虑让他留级。"到了这个时候,萨姆的父母已经担心得彻夜难眠,他们决定必须要做些什么,但问题是他们不知道到底需要做什么。

在三年级的时候,萨姆的父母开始寻求他人的意见。萨姆的老师说:"你们在这些文件上签了字,学校就会评估萨姆。我们会找出问题在哪儿,然后可能为他制订一个个别化教育计划(individualized education program, IEP)。"萨姆最好的朋友的妈妈说:"学校也想要评估我的孩子,但是我告诉他们'没门儿',我带孩子去看了 X 医生,医生的诊断是他有学习障碍。"萨姆的儿科医生说:"给萨姆做一个神经心理测验是个好主意。我知道一个可以帮助你们的神经心理学家,我给你们联系方式。"还有一个邻居也发表了她的意见:"你们就是要在家管得更严一点。你们要让他接受心理咨询,让他学会如何听话。"

萨姆的父母很迷茫。像 IEP、学习障碍、神经心理学家这样的术语吓到了他们。这些术语是什么意思?它们有没有可能弊大于利?万一萨姆确实有学习障碍呢?这是不是意味着他会被贴上"不会学习"的标签?这样的标签会不会给他带来长远的影响?萨姆的父母从来没有听说过"神经心理学家"这个名词,但是这听上去让人觉得问题很严重。这是不是意味着萨姆的大脑有问题,而儿科医生没敢告诉他们?还是说选择其中之一才是帮萨姆跟上同龄人的关键?

正式评估的利弊

在萨姆的故事中有一件事情很明确,那就是他的父母是有选择的。有选择是好事——您正在担心自己孩子的加工速度,尽管还不知道问题所在,但您有几个非常不错的选择。萨姆的父母从专业人士和业余人士那里得到的几个建议都可能有所帮助,但也各有弊端。

您可能也发现了,各种各样的人都会给您建议。您在尽自己最大的努力成为一个好家长,在听到这些建议时,您可能不仅会觉得困惑,还会有些受伤或难为情。我们的建议是:不管别人提出怎样的建议,您都要批判性地看每一个选项;也不要因为提建议的人说得不太顾及您的感受,您就自动放弃一个选项。

比如,您的嫂子在上次家庭聚会的时候厉声说"你知道吗?你真的应该带孩子去看看心理医生",这并不代表这个选项是毫无帮助的(尽管她不必知道您采纳了她的建议)。我们遇到过很多家长,他们不带孩子做评估,理由只是因为某些人(某个老师、某个儿科医生、某个好心的亲戚)说起评估或者心理医生时缺乏技巧,没有很好地顾及家长的情绪。这些人是出于好意的,但话说得不好听,他们或是在家庭圣诞派对时当着所有人的面说的,或是在放学后当着其他家长的面说的。

通过学校系统做评估或在校外做独立评估,甚至只是向心理学家进行一次咨询,这些选择都可以帮助您确定如何最好地帮助您的孩子。这些信息最终可能会帮助您在晚上睡得好些。那么,家长最常考虑的选项有哪些？各有什么利弊呢？通过学校系统做评估、在校外做评估、一次简短的咨询（不做测验），以及再观察看看，这些都是合理的选项。让我们来看看萨姆的父母是如何看待每个选项的利弊的。

学校评估

在萨姆三年级时萨姆的父母决定给他做评估，他们首先决定通过学校系统做评估（即学校评估）。这个途径是有些好处的。第一个好处是，学校评估是免费的。学校用标准化的测验（之后会细讲）评估了萨姆的认知、语言和加工技能。学校的评估也定位了他的短板。

学校评估的第二个好处是，做评估的人之后也会参与萨姆的治疗和干预。萨姆的父母需要签署一些同意书才能让学校进行这次评估。获得家长的同意是一项法律要求，所以如果您想通过学校系统做评估，您就会收到学校的文件，上面会列出评估人员计划进行的一系列测验。您需要在这份文件上签字，当然，您也要认真阅读同意书。您不需要同意所有内容，您可以只同意一部分。以萨姆为例，他的父母同意了学校提出的几乎所有的测验，但是言语测验除外。他们决定选择儿科医生推荐的校外独立言语治疗师进行言语测验的部分。他们不太信任萨姆学校里的言语治疗师，所以想要寻求其他专业人士的意见。

萨姆的父母很满意学校在完成评估后决定提供的服务（比如学业辅导）和合理的便利（比如考试加时）。但是，对于到底是什么导致了萨姆的困难，他们还是有些困惑。学校指出"问题"是"加工速度缺陷",但他们不明白这到底是什么意思。萨姆的父母所经历的正是学校评估的劣势之一,也就是学校的评估几乎不会给出一个像"ADHD"或"阅读障碍"这样的诊断。

实际上,学校评估的目的并不是给孩子的困难做出一个诊断,而是通过把学生的缺陷和困难描述得足够详细以便帮助学校制订补救措施和合理便利的方案。您不应该指望学校给一个诊断,也不应该指望学校会有时间解释每一项测验的每一个分数,以及它们意味着什么。这是学校评估的另一个劣势。有些家长问我们,为什么学校不告诉他们,他们的孩子是否符合某个诊断的标准。我们的回答是,这不属于学校的工作职责。但是,很多时候,在学校做评估后,评估人员、老师或学校工作人员会建议您带孩子去做校外独立评估或校外咨询,因为他们怀疑您的孩子有必要进行某些专门的诊断。

独立评估

在校外做独立评估正是学校在萨姆五年级的时候给他父母的建议。他们怀疑萨姆有ADHD,怀疑这是他加工速度缓慢的根本原因,所以他们建议由校外独立的心理学家进行评估。萨姆的父母采纳了这个建议,找了一位儿科神经心理学家做评估。儿科神经心理学家擅长做儿童的学习、发展和认知障碍方面的评估。神经心理学家通过独立的标准化测验评估一个人的脑功能和行为之间的联系。

在校外找独立的神经心理学家评估萨姆也是有利弊的。一个好处是,根据证据,神经心理学家确实将萨姆诊断为ADHD,注意力不足型。这个类型的主要症状是注意力缺陷,而不是多动或冲动。

萨姆的父母并没有因为孩子被贴上标签而产生怨恨，他们反而因为终于明白了萨姆困难的根源而松了口气。另一个好处是，心理学家花时间向萨姆的父母详细解释了测验结果。他们终于明白了报告中的数字和测验分数是什么意思。和学校的反馈不同的是，心理学家能够与他们探讨萨姆的情况是如何影响家庭生活的，包括他有时在家里和兄弟之间的冲突。心理学家花时间与萨姆的父母谈论了他们对萨姆未来的担心，还会在之后他们有进一步问题时和他们通电话。

遗憾的是，这个评估的费用医疗保险是不报销的（独立评估的一个常见劣势），价格也很昂贵。不过，独立评估的一个重要的优势是，评估人员可以经常和孩子的老师和学校工作人员联系。萨姆的父母很感激心理学家参与了学校的电话会议。在这个会议中，萨姆的老师、做评估的心理学家、特殊教育部门的主任和学校的升学指导老师一起为孩子制订相应策略。

> 学校评估和独立评估都会用到个别施测的测验（individually administered tests）。这些测验是由评估人员和您的孩子一对一进行的。评估人员会问孩子问题，让孩子回答，或者进行朗读。评估人员不仅会仔细观察孩子说了什么、做了什么，还会留意她是怎么说、怎么做的。这类的测验与学习能力测验和其他以团体形式进行的考试不同。因此，谨慎选择评估人员很重要，因为评估人员和孩子之间的关系会影响评估的体验。

如第一章所述，加工速度缺陷通常表现在其他障碍中，比如 ADHD、学习障碍或者某种发育障碍。如果您的孩子总是拖拉，这可能就是需要进一步探究具体问题的一个迹象。寻求一个更正式的评估最大的好处可能就是：在评估加工速度的过程中，评估人员也许会发现孩子的其他重要的功能领域需要干预。

一次简短的咨询（不做测验）

以上两个选项（学校评估和独立评估）是萨姆和他的家庭仅有的选择吗？不是的，他们也可以采取其他措施。其中一个选择是找一位像有执照的心理学家这样的专业人士进行一次简短的咨询。如果在萨姆一年级的时候他的父母选择了这个选项，那么心理学家可能会为他们提供关于如何在家管理他的行为，以及如何和老师一起解决他在校的困难的一些建议。心理学家可能会建议他们让萨姆参加心理咨询，学习如何更好地管理自己的行为，也可能会建议他们给萨姆做进一步的评估，并且为他们提供有资质的专业评估人员的名单。这些选项在当时都是很合理的。

采取"再观察看看"的方式

还有一个选项（萨姆的父母"采取"了好几年）是采取"再观察看看"的方式。"等等看"并没有问题。实际上，萨姆的父母一直等到他上三年级时才着手寻找问题的答案。之所以说"等等看"

没有问题的一个原因是，有些孩子确实能随着年纪的增长而克服一些困难（加工速度缓慢只是孩子可能会经历的众多困难之一）。还有一个原因是，家长并不总是做好了直面问题的准备。有时候他们会害怕在这个过程中发现了什么。这是可以理解的，但是一旦潜在的问题被发现了，大多数家长都会感觉更好一些。

如果您采取"再观察看看"的方式，我们建议您在等待期间还是要积极解决问题。不要只是对问题视而不见，而是要观察并获取信息。观察孩子的问题是否越来越严重了。如果是，您可能就要考虑更正式的评估了。同时，您要向您信任的人询问信息，比如找孩子的老师、儿科医生或者祖父母。如果他们都说"还不用担心"，那等待也许并不是一个坏的选项。但是，如果您孩子的老师是一位从教二十多年的非常好的老师，而这位老师说"我从来没有遇到过一个孩子像约翰尼做事情那么慢"，那么您就应该考虑早点（而不是晚点）采取行动去寻求帮助。

总之，关于"再观察看看"，从我们两人评估儿童和青少年三十多年的经验看来，从来没有家长对我们说过："我真希望我晚一两年再给我的孩子进行评估。"实际上，几乎每周，我们都会听到家长说："为什么我早没有这么做？"我们遇到过很多像萨姆一样的孩子，在经历了多年的学业困境和失败后，到了16岁，他们抑郁、愤怒，或者更糟糕的，他们受够了，厌倦了学习。

关于寻求学校评估的简要指南

从萨姆的故事我们可以看出，学校评估是非常有用的。尽管学校的评估不能给出一个诊断，却给出了为萨姆提供相关服务的模板。如果您在考虑通过学校系统给孩子评估，那么以下是一些基本信息。

您要做的第一件事是转介，或者向学校的特殊教育部门提出评估申请。您应该给学区的特殊教育办公室打电话提出需要评估的申请，之后以书面形式进行跟进。告知孩子的老师您已经提交了评估申请，这是一个好主意（事实上，在这之前您跟孩子的老师谈谈也非常好）。学校一旦收到您的申请，就会联系您。美国的州立法可能会要求学区在一定的时间内回复您，这个时间要求因州而异。如果过了一两周您还没有收到学校的回复，那么应该进行跟进。

由于您可能不知道孩子需要做什么样的评估，所以您可以要求召开一个评估前的会议。参加这个会议的人有您，还至少有一位学校特殊教育团队的成员，通常是负责人。你们可以在这个会议中谈谈您的担忧、什么样的测验可能对孩子有帮助、谁来实施测验。虽然具体的测验因孩子而异，但是您始终应该要求学校进行全面的智力测验，对孩子的潜力做个初步评估。

对学龄儿童最常用的智力测验有：韦克斯勒儿童智力量表第四版（Wechsler Intelligence Scale for Children, WISC-IV）、差异能力量表第二版（Differential Abilities Scale, DAS-II）和斯坦福–比奈智力量表（Stanford–Binet Intelligence Scales）。您要确保加工速度也

会在测验中被全面评估。下面是一个最常用的测验的清单，在第三章中，我们会介绍关于这些测验和如何解读结果的更多信息。如果学校没有专业人士可以实施这样的测验，也可以提供经费让您找校外的评估人员。

常用的加工速度测验

几乎任何限时的测验都可以被看作某种对加工速度的测试。一个典型的全面的评估（不管是学校评估还是独立评估）包含一系列限时的测验。以下是比较常见的几种。

韦克斯勒儿童智力量表第四版（WISC-IV）

WISC-IV 有几个不同的方式测试加工速度，包括**译码**（要求孩子快速抄写一串符号）、**符号检索**（要求孩子快速判断不同的符号是相同的还是不同的）、**划消**（要求孩子划去纸上的动物图案）。WISC-IV 也提供了**加工速度指数**，这是根据前面提到的三个分测验中的两个分测验的平均值得出的综合分数。

差异能力量表第二版（DAS-II）

和 WISC-IV 相似，DAS-II 也提供了加工速度的单独测验和总体指数。单独的分测验包括**加工速度测试**（例如，给孩子一行数字，然后让他快速划掉最大的数字）和**快速命名**（告诉孩子某一类别，如动物或颜色，要求他尽量多地命名这个类别里的名称）。

伍德科克·詹森成就测验第三版（WJ-III）学术流畅性分测验

伍德科克·詹森成就测验第三版（Woodcock-Johnson Test of Achievement，WJ-III）包括数学、阅读和书写流畅性分测验。孩子们需要在规定的时间内做算术、阅读并回答有关一篇文章的问题，或者写句子。这些单独的测验分数可以合并得出学业加工速度或学术流畅性的分数。**韦克斯勒个人成就测试第三版**（Wechsler Individual Achievement Test，WIAT-III）也有类似的分测验（**数学流畅性**和**阅读流畅性**），它们可以衡量孩子做数学题和阅读的速度。

其他常见的加工速度的测验还包括**连线测验**（要求孩子按照一定顺序连接一系列的点）、**斯特鲁普色词测验**（要求孩子快速读词或说出颜色）、**钉板测验**（要求孩子快速将钉子放在钉板上）。

在开始评估前，学校必须提前给您书面的通知，告知会给孩子做的测验，以及您可以使用的保障措施（比如您有权拒绝评估，确保学生记录的保密性）。请注意，您有权利只同意一部分测验。正如我们之前提到的，萨姆的父母决定言语评估的部分由校外独立的言语治疗师进行，其他部分都由学校进行评估。

一旦您同意学校关于评估的提议，就必须提供书面同意，这样学校才能开始评估。美国的相关法律规定：在收到家长同意书后，学校必须在合理的时间内完成评估。您所在的州可能有具体的法规规定学校需要在具体多少天之内完成所有的评估事宜。学校必须评估孩子所有可能的短板和障碍，所以根据您担忧的内容，学校可能需要做不止一种测验。学校系统通常会提供一个多学科的评估。也就是说，一个全面的评估团队包括好几位不同领域的专业人士，比如学校心理学家、阅读专家、言语治疗师和作业治疗师。

关于校外独立评估的简要指南

寻求校外独立评估最难的一点是找到一位好的评估人员。最有资格评估儿童加工速度的专业人士是儿童心理学家。找一位儿童心理学家听起来很容易，其实并非如此，原因有几个。这可能会让您感到惊讶，我们对儿童心理学家的需求量远超过现有的在这方面受过训练的专业人士的数量。这个供不应求是全国性的，而且有些地方（尤其是偏远地区）受过训练可以评估和治疗儿童的临床心理学家更少。也就是说，您需要确保您找的是一位专门评估儿童心理障碍的心理学家，而不是专门从事治疗的专家。

谁有资质评估加工速度？

临床儿童心理学家

- 这类心理学家拥有博士学位。他们已完成至少四年专业的研究生院学习（完成本科学习以后），并具备之后两年的全职接受督导的临床经验。
- 本书针对的是儿童，所以您要确保找到的是一位受过专门训练、可评估和治疗儿童的心理学家（而不是针对成人的）。
- 并非所有的临床儿童心理学家都接受过评估儿童的专门训练，所以您要确保找到的是一位接受过这方面培训的临床儿童心理学家。

儿科（或儿童）神经心理学家

- 这类心理学家是经过专门训练的临床心理学家。他们通过神经心理测验评估儿童的智力、记忆能力、语言能力、视觉运动技能，以及很多其他技能，以此诊断学习障碍、注意力缺陷、发育障碍等问题。
- 并非所有的神经心理学家都接受过评估儿童的专门训练，所以您要确保找到的是一位对儿童评估有丰富经验的神经心理学家。

学校心理学家

- 学校心理学家在学校工作。他们一般接受过培训，可以为儿童提供心理咨询，也可以为儿童评估智力情况和学业成绩。

教育心理学家

- 教育心理学家是在改进课程、教学方法和学术项目实施方面受过训练的心理学家。

- 教育心理学家中很少有人受过关于评估和诊断方面的训练，但是也有一些人受过这方面的训练。您需要查看他们的证书以便做出判断。

▼▼

根据以上信息，您可以了解到心理学家有很多种，他们中的任何一位都可能受过测验和评估的训练。临床儿童心理学家和儿科（或儿童）神经心理学家有博士学位，而学校心理学家和教育心理学家不一定有博士学位（每个州对学校心理学家获得执照的要求不同，大多数州要求学校心理学家至少有硕士学位才能获得执照或认证）。儿童心理学家最常在医院或者其他临床环境工作。

那么，考虑到心理学家的数量并不多且他们的职称也不尽相同，家长要如何找到有能力的专业人士呢？您的第一站可以是儿科医生或家庭医生那里，因为儿科医生手里通常有一份可以转介的名单。类似的，您孩子学校的老师和工作人员也可能会有推荐的人选。如果孩子上的是私立学校，就更会如此，因为私立学校常与专业人士合作。口口相传也是一个好途径。如果您有朋友、亲戚或邻居的孩子接受过评估，而且您觉得可以和他们讨论您孩子的情况，可以问问他们找的谁，体验如何。

一旦您预约了评估，就要做好评估需要 3~6 小时的准备，具体时长取决于孩子的年龄和需要评估的内容。有些评估人员会让孩子在一天完成所有测验，而有些会让孩子分几天进行。如何完成评估并没有一个"正确"的程序。有经验的评估人员对他们的评估程序的制定都是有一定的理由和考虑的（比如什么对他们和他们所在的临床环境更合适）。评估完成后，心理学家会总结评估的结果，给家长出具详细的书面报告。心理学家一般会和您会面，帮助您理解评估的结果。根据您孩子的年龄，他们也有可能会和孩子一起会面。在下一章，我们会提供有关如何理解评估结果的信息。您如果有任何不明白的问题，也不要害怕向评估人员提出。理解评估结果是您充分为孩子发声的基础。

▼▼▼▼▼▼▼▼▼▼▼▼▼▼▼▼▼▼▼▼▼▼▼▼▼▼▼▼▼▼▼▼▼▼▼▼▼

"我终于找到了一位儿童心理学家，她看起来会是评估我女儿的完美人选。遗憾的是，这位心理学家说她接下来的四个月都约满了。这是怎么回事？"对于独立评估来说，四个月的等待并不罕见。实际上，我们会说这是常态，而不是例外。在很多诊所，6~12个月的等待都是正常的。这是一个需求远大于供给的医疗保健领域。但是，如果您已经找到了非常喜欢的人选，那么花时间等待通常好过换一个马上有空但是不那么有资质的人。您在等待评估期间，并不是什么都做不了。您可以跟孩子的老师交流在这期间你们有什么可以为孩子做的。您可以要求对方，如果有人临时取消了预约就通知您（做好随时接受评估的准备）。您在和专业人士预约时，可以问问对方在等待的同时您有什么可以为孩子做的，比如给他报名阅读或数学的课外辅导。

▲▲▲▲▲▲▲▲▲▲▲▲▲▲▲▲▲▲▲▲▲▲▲▲▲▲▲▲▲▲▲▲▲▲▲▲▲

接下来做什么？

无论是否决定要给孩子做评估，您拿起这本书的理由都极有可能是想要更好地了解您的孩子，以及您可以做什么。如果您的孩子已经接受了评估，不管他是通过学校做的还是独立做的，您都应该对接下来做什么有个规划。但是如果评估后您依旧不知道该做什么，就向评估人员询问更多的问题，或者换个专业人士咨询。当家长觉得自己的孩子需要帮助时，这种直觉一般都是对的。如果孩子接受了评估，但您被告知您的直觉是错的，那么很可能您需要更多的信息，要么是关于为什么您的直觉是错误的，要么是关于为什么评估结果表明孩子并没有问题。

不管是哪种情况，您可能都想知道，明确了具体的问题之后，您应该做什么或者可以做什么。虽然本书的第二部分会探讨如何让您的孩子在家庭、学校、社交等不同场景克服加工速度缺陷，但是在具体讲这些之前，我们想告诉您一些基本的"该做"和"不该做"的事，帮您总结基本的问题和一般解决方案。

考虑解决方案时，我们可以从被我们称为"加工速度的三个A"的思路着手。也就是，接纳（accept）孩子独特的学习方式，为孩子的学习困难提供合理便利（accomodate），为孩子的需求发声（advocate）。在某种程度上，这些做法可能是信手拈来的，大多数父母很自然地做着这些事情。好父母是会在孩子需要的时候接纳孩子，为孩子提供合理便利并为孩子发声的。但是，当您的孩子有短板，尤其是像加工速度缓慢这样的一个很难识别和定义的短板时，这些看似简单的口号就变得尤为重要，也更难实践。

加工速度的三个 A

1. **接纳**：获取关于孩子学习特点的信息以帮助您更好地理解他的特质。接纳这些特质，因为这些特质是孩子重要和独特体现的一部分。
2. **提供合理便利**：找到调整孩子环境的方法为他的加工速度缺陷提供合理便利。另外，帮助孩子学会应对的策略，这样他就可以自己处理。
3. **发声**：了解孩子在不同环境里的学习"速度"是如何影响他的，您可以成为他在校内和校外的重要发声者，与学校一起制订计划，帮助其他人更好地理解孩子。您最终的目标是教会孩子如何理解自己并为自己发声。

当孩子率先在棒球场上打出本垒打时，要接纳孩子的表现很容易，但当孩子花了30分钟只做了1道简单的数学题，而且今晚的作业还有14道题没有完成时，要接纳孩子的行为就很难了。如果数学课程对孩子来说太简单，那么您为她争取更难的课程很容易，但如果孩子花了3个小时才做完本该20分钟就可以完成的作业，那么这时候您为她争取作业减量就很难。如果您早上只需要帮助一个孩子做好去上学的准备，那么即使孩子的动作慢，您照顾起来也很容易,但如果还有另外两个孩子需要帮助,而且老板还在等着您按时上班,那就很难了。

您后悔做过的事

这些事情可能和您遇到的一些挑战很相似。事实上,这些事情可能会让您感到沮丧,因为您会意识到自己羞于承认自己做过这些事情。最常见的事情有哪些呢?它们包括以下内容。

大喊!尖叫!吼叫!

可以毫不夸张地说,每一位家长(即使是加工速度快的孩子的家长)都吼过孩子。当然,不需要我们来告诉您,这招通常不管用。当我们说"通常不管用"时,我们的意思是,这招也有管用的时候,但这并不是个好方法。您大喊后,孩子可能会有所行动,但是当您下次想要他行动的时候,您需要喊得更大声或者更久。而且,大喊大叫反而会减缓孩子的加工速度,因为这会让孩子焦虑,孩子一焦虑,可能就会进一步减缓他的加工速度。这些方法还会让您对自己的行为感到愧疚,而一位好的家长最不需要的就是感到愧疚了。

说孩子"懒"

当一个孩子比同龄人慢时,大人们经常会评价这个孩子似乎很"懒"。实际上,很多家长即使知道自己的孩子并不能再快了,依旧会觉得他很懒。他们的孩子会拖延、没有自主行动、犯粗心的错误，还会尝试走捷径。这些行为似乎都符合"懒"的定义，但是通常这些行为的背后有其他的原因，比如抑郁、注意力缺陷、焦虑、自卑，或者加工速度缓慢。因此，并不是您的孩子选择了看起来懒的做事方式，而是她的这个行为很可能是一个需要关注的潜在问题的表现。

帮孩子做作业

加工速度缓慢的孩子的家长经常会帮孩子完成作业。实际上，很多家长都会帮孩子做作业，但他们并不想承认。您当然知道这是一个坏习惯，但作业明天就要交了而您的孩子没有办法完成，作为家长您还能怎么办呢？我们希望这本书能给您一些具体的策略。但是，考虑到总有不得不帮孩子做作业的时候，您需要注意您什么时候会这样做（只在最后不得已的时候）、做什么作业（只是数学作业、作文，还是所有），以及您会怎么做（您是给予支持还是代做作业）。思考这些问题对您决定如何帮助孩子是很有用的。

也许最重要的是您要记住：接纳、提供合理便利、发声是一个终生的过程，家长看着自己的孩子从婴儿到长大成人的这个过程会痛苦挣扎，也会从中学习。如果孩子的困难显著，那么您更应该知道每天实践这些听着简单的口号是多么的难。我们不止一次听到家长说养育孩子的"日子很长，岁月很短"。如果您的孩子似乎做什么事情都需要很长时间，您就会觉得尤其如此。一晚上的作业怎么感觉永远都做不完，这些日常挣扎可能会让您觉得没有多少时间去和孩子一起真正享受生活，所以又会觉得时光飞逝。

您并不孤单。大多数家长都有过这样的感受。着眼长远,理解和接纳这是育儿过程的一部分可能会对您有所帮助。掌握知识是接纳的开始。没有知识,您就可能不知道如何为孩子提供合理便利和发声。在下一章我们会为您提供更多的信息和知识,帮助您更好地理解这个话题,并把这看作是孩子正常表现的一部分。他并不懒,也不是无能或笨;他并不是想让全家受罪。您的孩子只是不同于其他孩子。而这个不同,对他来说,是正常的。

第三章

"那么,到底什么是加工速度?"

这些年来,家长问过我们很多问题,比如"我的孩子能有一天学会阅读吗?"或者"我的孩子为什么没有朋友?",又或者"我的孩子抑郁了吗?"虽然这些都是很难回答的问题,但对我们来说,没有一个问题比"加工速度到底是什么,怎么改善"更难回答。一些家长对于我们把加工速度描述为"您的孩子完成一项限时任务需要多长时间"很满意,但其他家长似乎对把加工速度看作一项执行功能更满意。执行功能是能使我们有效运用自己的聪明才智的一系列技能。但是,对于加工速度这个似乎影响自己的孩子和家庭生活方方面面的问题,大多数家长想要一个更全面的解释。

在这一章中,我们通过回顾我们所了解的大脑是如何加工信息的,以及我们在临床研究中所学到的知识,针对"什么是加工速度"给您一个更复杂的答案。但是,为什么我们对这个重要的话题知之甚少,首先让您了解这个问题的答案可能会比较有帮助。

什么是执行功能?

执行功能是可以让我们成功运用聪明才智和成功解决问题的一系列技能。这些技能包括制定目标、规划、整理、要事优先、工作记忆、管理我们的行为和在不同的任务和活动之间切换。加工速度也被认为是一项重要的执行功能。

那么加工速度就是执行功能的另一种说法吗？不是。我们可以把执行功能想象成一辆车,那么加工速度就是引擎。功率更高、更强大的引擎意味着车可以开得更快,所以好的执行功能取决于好的加工速度。

有关加工速度的概念的历史

加工速度对您来说也许是一个新概念,但是实际上这个概念存在已久。最早的一些心理学研究探讨了什么是加工速度以及它和智商之间的关系。在19世纪00年代后期,最早的关于加工速度的研究考虑了反应速度的个体差异。这些研究中的测试内容既有一个人对声音或噪声之类的反应速度,还有其他心理反应任务,比如一个人可以记住几个只听过一次的数字。

弗朗西斯·高尔顿爵士（Sir Francis Galton）是断言心理反应

能力（如智力）可以被定量测量的第一人，他也恰好是查尔斯·达尔文（Charles Darwin）的表弟。1884年，在伦敦的国际展上，他展示了一系列大众可以亲身体验的实验。这些实验测量了不同类型的反应速度。这些反应速度与感知某种事物或对某种事物做出动作反应相关。在这个时期，对反应速度的研究被广泛认为是测量人们心理反应能力的变量的一种方法，也是大众讨论的一个热门话题。当时，有些研究者认为测量不同的加工速度会给测量学和整个心理学带来革命性的变化。有些人甚至大胆断言，加工速度可以预测一个人会有多么成功（尽管"成功"没有被具体地定义）。

尽管人们有过这些大胆的想法，但随着心理学在20世纪00年代的发展，关于加工速度的研究还是过气了。更年轻的学者开始研究不同反应速度之间的关系。他们发现，以学校里的成绩来衡量，这些不同的反应速度测验和学生的能力之间几乎没有什么联系。因此，他们提出了一个假设：这些反应速度测验并不能有效地反映智商。由于上述不确定性的研究，到了20世纪20年代，对于感官信息加工速度作为衡量智力的一种方法的研究和临床评估都被搁置了。

从那以后，心理学领域的研究开始从基础科学转向弗洛伊德的无意识和精神分析的理论，并研究我们的行为如何受到强化和惩罚的控制。之后几十年里，在心理学领域，加工速度不再被视为重要的研究话题。这就是为什么和语言或记忆这类话题相比，加工速度是一个未被充分研究的话题。

然而，在过去的几十年里，从研究的视角和"现实世界"的视角，人们再次关注加工速度。在研究领域，科学家们开始研究控制人们的行为和情绪的生物系统,而思维速度成为该领域里人们感兴趣的一个话题。脑成像研究让我们第一次看到大脑是如何加工信息的,以及加工得多快。此外,最近的智力研究理论也将各种类型的速度作为智力测验的一个主要组成部分。韦克斯勒智力量表就把加工速度列为一个主要指数。研究者和家长都在问:"加工速度意味着什么?它与智力和日常生活有什么关系?"

同时,我们世界的节奏变得更快了。要想在当今世界取得成功,您需要能够快速加工大量的信息,并且在不同类型的任务之间切换。现在,学校和研究领域都认识到了理解加工速度的重要性,也开始讨论这个话题。

加工速度只是反应速度的另一种叫法吗?

这个问题的答案是否定的。反应速度是加工速度的一部分,加工速度还包括孩子可以多快地做以下事情。

- 整合新信息。
- 从记忆中提取信息。
- 完成任务。

加工速度可以是视觉方面的、语言方面的或运动方面的(抑或是全部三个方面),也可以是具体学科内容方面的(阅读、写作、运动、数学),当然,加工速度缓慢的孩子通常会在多个方面有问题。

加工速度的生物学原理

人们并没有发现某一个单独的大脑区域是加工速度的问题区域（或者可能永远不会被发现）。正如其他大多数高级的大脑功能，一个人的加工速度能力是一系列复杂的大脑网络共同协作的结果。如图2所示，大脑由不同的大脑叶组成。我们大脑最多的部分叫作大脑皮质，它是大脑半球表面的灰质部分。这个部分赋予了我们独特的人类特质，比如提前计划的能力、推理能力和创造力。大脑的端脑包括两个半球：左半球和右半球。左半球在语言功能方面起重要作用，而右半球的功能主要是社会认知、创造力和非语言的问题解决能力。

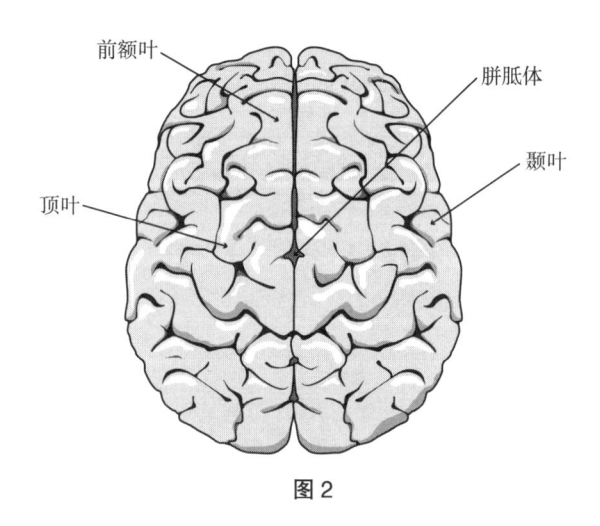

图2

顶叶：整合听觉、视觉和触觉信号；16岁之前不成熟。
前额叶：对于自控、判断、情绪控制都很重要；在青春期重组。
胼胝体：对于智力、意识、自我觉知都很重要；20多岁时才完全发育成熟。
颞叶：对于情绪方面的成熟度很重要；16岁之后依旧继续发育。

大脑的其他部分也很重要，但是大脑皮质，尤其是前额叶，特别值得我们关注。前额叶负责我们大部分的思维和推理的基本功能，比如记忆力。前额叶帮助我们理解周围的世界、让我们优先考虑重要的事情，以及让我们合理地和他人联结。这些功能一直到青春期晚期和成年早期才会发育成熟，所以您的孩子现在的大脑和他将来上完大学时的大脑是不同的。

到目前为止，还没有办法将加工速度方面的区别具体定位到大脑的不同区域。因此，我们以"全局"的角度描述整个大脑是如何加工信息的。不同的加工速度最有可能和大脑的神经布局有关，比如脑神经的分布、大脑代谢葡萄糖的能力、脑细胞放电的速度和效率。以上因素都已被证实会影响加工速度，但是并没有某一个因素可以单独解释加工速度。

不过，总体上来说，近期一些关于加工速度的研究似乎都认为，有某种全局的、生理性的机制决定了信息加工的速度，最重要的有以下这些。

- 大脑中神经递质的水平（大脑里的这种化学物质帮助我们的器官建立有意义的联系）。
- 神经元的髓鞘化程度。
- 突触间隙的大小。
- 神经网络的组织程度。
- 前额叶在整理和指挥信息流方面的效率。

我们知道上面这些内容很难消化，所以会分别详细讲解这些因素。

大脑中的神经递质

神经递质（neurotransmitter）是大脑里充当信使的化学物质，它帮助大脑细胞［也叫神经元（neurons）］之间的信号进行传递。大脑通过神经递质告诉我们的心脏要跳动，告诉我们的胃要消化食物，告诉我们的肌肉要拉伸。此外，神经递质还控制和影响我们的心情、睡眠、体重、记忆储存量和记忆提取情况。是的，神经递质甚至会控制和影响加工速度。

大脑至少有 1000 亿个神经细胞或神经元，并且每个神经元都包含一条被称为轴突（axon）的"尾巴"。轴突将动作电位传出细胞体，被称为树突（dendrite）的突起将动作电位传入细胞体（见图 3）。如果您觉得这听起来很复杂，那您可以这么想：所有的大脑细胞都有一个"头"和很多条"尾巴"。有些"尾巴"把电位传出细胞，而有些"尾巴"把电位传入细胞。这些细胞的距离非常接近，但是它们并不接触，所以动作电位无法通过接触的组织传递，而是通过细胞间的间隙传递。您也许会问："如果这些细胞不接触，那动作电位是怎么从一个细胞传递到另一个细胞的呢？它们是怎么通过细胞间隙传递的呢？"细胞间的沟通是通过神经递质这种化学物质传递的。目前我们已知有至少 7 种主要的神经递质会影响我们的知觉、运动、感觉、情绪、注意力和认知。

每种神经递质似乎都有一项不同的主要功能。要使大脑的功能最大化，我们就需要所有的神经递质都保持精准的比例。神经递质过多或过少可能和基因、生物因素或环境因素有关。不过，不管是什么原因，当某种神经递质的水平偏低的时候，人们的专注力都会受到影响，信息加工的速度也会减慢。一种和加工速度相关的特定神经递质是乙酰胆碱（acetylcholine）。乙酰胆碱会加快我们对环境中感官刺激的反应，也在做决策及保持专注力和记忆力方面起重要作用。研究表明，大脑中较低的乙酰胆碱水平与反应慢、注意力不集中和信息加工延迟有关。

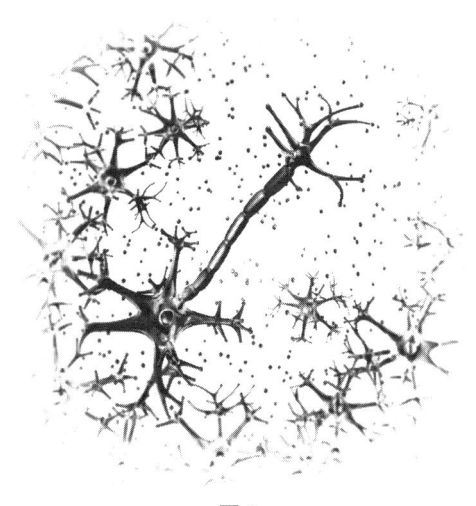

图 3

神经元外的脂肪层

随着大脑的成熟，大脑的轴突（我们在前文中提到的那些"尾巴"）外面会覆盖一种脂肪物质，这就是髓鞘（myelm）。髓鞘起绝缘作用，用来提高神经元之间传递信号的效率，与电工绝缘胶带隔离电脉冲的方式非常相似，可参考图4。髓鞘是神经元至关重要的一部分，因为它使神经元之间的动作电位传递得更快、更直接。神经元周围髓鞘的量在一个人的不同年龄阶段不同，也因人而异。髓鞘的生成在子宫里就开始了（最早是在受孕后第 14 周），在童年和青春期继续发育。有一种理论是，加工速度缺陷人群的大脑神经元周围的髓鞘可能比其他人的要薄。所以，髓鞘越薄，信息传递越慢，也就是大脑的加工速度越慢。

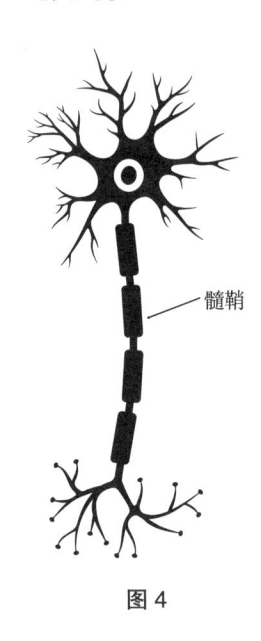

图 4

突触间隙的大小

另一个影响加工速度的生理因素是神经元之间间隙的大小。这个术语叫作突触间隙（synaptic cleft），如图 5 所示。一个神经元通过末端将电信号和神经递质释放到突触间隙和相邻的神经元沟通。这些神经元"穿越"突触间隙到达另一个神经元的边缘并"激活"它。突触间隙的大小之所以重要，是因为如果突触间隙很大，神经递质就需要更长的时间才能穿过它并激活相邻的神经元。有些研究者认为，加工速度缓慢个体的神经元之间的突触间隙比普通人更大。神经递质从一个神经元到达另一个神经元需要更长时间，于是，大脑里的信息传送就更慢了。

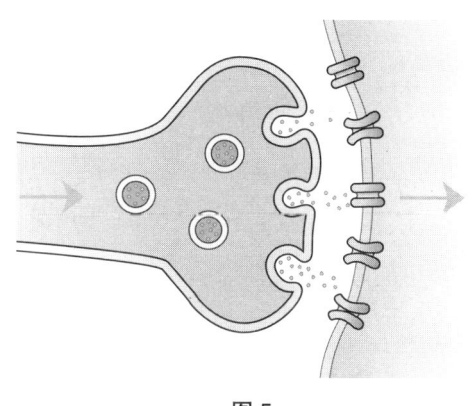

图 5

神经网络的组织程度

正如您现在所知，神经元之间会互相沟通。神经元沟通时会开始产生通道或连接，这个连接也叫神经网络（neural networks）。这些通道是大脑运作的基本，因为它们既控制如说话这样的复杂活动，也控制抓一个物体或咀嚼食物这样更基本的活动。婴儿不断地发展新的神经网络。当您看着婴儿反复尝试伸手去抓一个东西或者牙牙学语时，您可以想象神经元是如何建立大脑里的这些连接的。

好消息是，我们在一生中会持续不断地发展新的神经网络。当您第一次学一个事物时，这个通道或连接是很弱的，但是当您对这个事物思考多了，这个通道或连接就会变强。以您的孩子学骑自行车为例。刚开始，她要专注着保持平衡、看着路，还要抓紧车把手。

但是，随着她练习得越多，就不需要那么专注了，因为大脑里和这个动作相关的连接已经变强了。当您第一次尝试学习意大利语时，情况也类似。随着您的学习，大脑里用于储存意大利语语言"数据"的语言神经元会开始和其他的神经元建立连接。这些新的神经网络会开始习得并储存新的语言。这些神经网络用得越多就会越巩固。

相反，我们设想一下在这些相对完善的神经网络里有一个连接"打结"或出了故障。这些故障包括我们之前提到的问题类型（突触间隙大或髓鞘薄），或者仅仅是连接很弱，也就是神经网络的连接有缺陷。如果某个任务一开始就学得不扎实，或者没有进行足够的练习，那么就可能导致神经元之间产生的神经网络较弱。不管是什么原因，弱神经网络会大幅度降低信息的加工速度。如果弱神经网络是缺乏练习导致的，那么这个神经网络一旦被激活过一次，就会更容易被激活第二次、第三次等。随着练习的增加，加工速度会加快，因此有些孩子比其他孩子需要更多的练习。我们相信，有些孩子，尤其是那些加工速度缓慢的孩子，需要加倍练习才能高效地完成某个任务。因此，一个加工速度缓慢的孩子即使看起来好像掌握了某个任务，但为了使他的神经网络能够有效率地运作，依旧需要比其他孩子进行更多的练习。

前额叶的效率

家长们常问："大脑的哪个部位和加工速度最相关？"正如前文所述，加工速度缓慢不是大脑某一部位薄弱导致的，而是一个系统里的多个部位没有很好地运转导致的。在大脑的所有组成部位中，前额叶是在加工速度的运作中参与最多的，因为前额叶对于高级的认知功能是最重要的。此外，前额叶还有很多重要的其他功能，例如以下这些功能。

- 即使我们分心也能坚持完成任务的能力。
- 设定目标并确定我们的行为可能造成长期后果的能力。
- 对一个问题产生几种可能的、不同的应对方式的能力。
- 选择和发起目标导向的行为的能力。
- 自我监控行为并判断这个行为什么时候合适的能力。

以上这些内容也隐含着快速、高效做这些事情的能力，所以加工速度和上面的每一项任务都是间接相关的。关于加工速度背后的生物学原理（包括前额叶的功能），研究表明，前额叶体积与信息加工速度有关。简单地说，尽管前额叶的体积与信息加工速度并不是完全的相关，但是更小的前额叶（由大脑里的灰质和白质决定）可能意味着更慢的加工速度。此外，因如车祸或运动受伤而使前额叶受损的人，通常会在加工速度测试中表现更差。也就是说，如果前额叶的神经网络受损，加工速度就会受到影响。

归纳

本章讲到这里，我们希望您对加工速度缺陷可能的原因有更好的理解。同时也希望您意识到，我们没法把这些缺陷的原因定位到大脑里的某一个部位。大脑的很多结构或区域影响着加工速度。神经递质的水平、加快信息传递的神经元外的脂肪层的薄厚、突触间隙的大小（大间隙减缓信息加工速度），以及神经网络的组织、前额叶的状况都影响信息加工速度。值得注意的是，一个信息加工速度缓慢的人也可能动作缓慢，但是动作慢不等同于信息加工速度慢。一个动作很快的人也可能信息加工速度缓慢。

那么，您可能会想这些对于一个人的日常生活都意味着什么。加工速度如何影响一个孩子的认知、情绪、学业呢？新兴的研究正在探究这些问题，虽然还没有明确的答案，但我们可以告诉您，在我们的临床研究中，加工速度缓慢的孩子是什么样的。

临床样本中的加工速度

在麻省总医院 LEAP 诊所，我们收集了 600 个家庭的样本。其中很多家庭都有加工速度缓慢的家庭成员。我们的样本包括了 2 岁到 20 岁的孩子，这些孩子的平均年龄为 10.4 岁（标准差为 3.79 岁）。虽然我们的研究远不能为这个话题下定论，但是我们注意到了以下这些趋势。

- 有加工速度缺陷的男孩比女孩更多。在我们的样本中，70% 有严重加工速度缺陷的孩子为男孩。这可能有很多原因，比如加工速度测验中有某种类型的精细运动的项目，而男孩在这类精细运动方面的表现比女孩差，又如人们在教学中的性别偏见。我们在后面的章节会继续对这个话题进行讨论。
- 大约有三分之一的加工速度缓慢的孩子存在社交困难，我们会在第七章详细讨论。

- 据报告，大约 40% 的加工速度缓慢的孩子有语言障碍。这可能是由于有阅读障碍和语言相关学习障碍的孩子有很多都有加工速度缺陷。
- 大约三分之一的家长报告说他们的孩子运动发育迟缓。考虑到我们用各种运动标准来衡量加工速度，这个数据并不意外。
- 大多数（77%）有加工速度缺陷的孩子目前在学校里有 IEP 或者 504 计划[①]。这表明了加工速度问题对学业的影响程度。
- 有加工速度缺陷和有 ADHD 不是一回事。和同龄人相比，有 ADHD 的孩子中只有 61% 有加工速度缺陷。所以，尽管有 ADHD 的孩子很多都有加工速度的问题，但并非全都有。通过下面的表格您会看到有其他障碍的孩子也有可能有加工速度缺陷。

表 1　加工速度缓慢的孩子有其他诊断的比例

诊断	加工速度缓慢的孩子符合相应诊断的比例
ADHD	61%
阅读障碍	28%
数学障碍	20%
广泛焦虑障碍	20%
孤独症谱系障碍	17%
写作障碍	15%

---

① 编注：意为接受美国《康复法》（Section 504 of the Rehabilitation Act of 1973）资助的服务。

（续表）

诊断	加工速度缓慢的孩子符合相应诊断的比例
其他未明确的学习障碍	15%
双向情感障碍	6%
语言障碍	6%
抑郁症	6%

这些数据告诉我们，加工速度问题会影响学业、行为、情绪等问题。此外，加工速度问题也会伴随着许多其他需要解决的问题。因此，我们应该先确定加工速度是否是问题的起因，这样才能找到解决方案。一旦您确定了症结所在，您就会感到更有希望。前页表格里所有的诊断都有不错的治疗方案。

本书第二部分会探究您的孩子在日常生活中的加工速度，它如何影响家庭关系（包括家族遗传的可能性），它在孩子表现好的领域是什么样子，您如何帮孩子跟上，以及加工速度缓慢到底是什么样的"感觉"。

第二部分

帮助您的孩子跟上
日常生活的节奏

第四章

家庭成员的加工速度

　　现在您对加工速度背后的科学有了更好的了解，那么您就有希望具备帮助、支持孩子的基本知识，而且帮助您的孩子也就是帮助您的整个家庭，因为加工速度影响的不仅有个人，还有整个家庭。当一台机器里的一个齿轮减速时，整台机器都无法正常运转。当一个家庭里的一个成员总是落后时，其他家庭成员会跟着遭殃。有时可能整个家庭系统都崩溃了。

　　此外，加工速度有家族遗传性，所以在有些家庭里，不仅仅是一个"齿轮"或一个人减缓了整个进程。虽然这听起来可能让人有些绝望，但实际上是有希望的。解决问题的第一步不只是认识到孩子的问题，还有您自己的。这章的关注点是家长您自己，还有其他家庭成员。了解家里的其他人是让所有人生活得更容易的第一步。

加工速度缓慢问题的家族遗传性

像"有其父必有其子"和"上梁不正下梁歪"这样的俗语能够广泛流传是有一定道理的。孩子确实会像父母。12岁的男孩沙恩就像他的父亲。不过,有意思的是,沙恩的家人在收到沙恩的评估报告之前,并没有真正意识到沙恩和他父亲的相似。沙恩经常无法完成作业,也常常不能在规定的时间内完成考试,因此他的父母给他做了评估。他在作业和考试中遇到的困难极大地影响了他的成绩。在他升到初中后,这成了一个大问题。

在给沙恩做评估的过程中,我们发现了他的父亲有意思的地方。在填写有关孩子的表格时,他的父亲很慢,而且他来我们办公室时经常迟到。我们在向他描述孩子的困难时不得不用多种不同的方法解释,比如画图表,才能够帮助他理解沙恩的短板。虽然沙恩的父亲不是我们要评估的人,但我们不禁注意到他和沙恩一样,也在为同样的问题而苦苦挣扎。当我们把这个观察和沙恩的父亲分享后,他坦诚沙恩"就像我一样"。虽然沙恩的父亲是一个成功的医生,但他承认,他要花好几个小时才能写完病历,经常不得不在医院加班到深夜。在念医学院的时候他就很吃力,他完成考试很慢,上课还经常迟到。

您可能会问:"那他是怎么成为一个成功的医生的呢?"沙恩的父亲非常聪明,他的高智商弥补了短板。不过还有一个原因是,他太太的加工速度很快。他和太太在大学时期就开始恋爱,在上医学院前就结了婚。太太在很多方面帮助了他,也帮助了沙恩。正是因为帮助得太多了，她产生了怨恨。沙恩的加工速度缓慢，再加上多年来沙恩父亲的加工速度也缓慢，这让他们所有人的生活都变得很痛苦。

沙恩有一位有加工速度缺陷的家长并不奇怪。研究表明，孩子的加工速度50%～70%是受父母基因的影响。当然，像家庭环境和学校环境这样的其他因素也决定了孩子的加工速度，但基因同样重要。家族遗传不一定是来自父母，也有可能是加工速度慢的阿姨、叔叔或祖父母。

尽管上几代人可能会很明显地被他们的亲戚说"慢"，但是他们并没有被贴上"加工速度缓慢"的标签。他们的亲戚可能这样说："比利叔叔做任何事情都要花很长时间。""你祖母可能连参加自己的葬礼都会迟到。"或者"鲍勃表兄潜力无限，却一事无成"。

在采访家长的过程中，我们常让他们回忆其他有加工速度缓慢的家庭成员。有时候，我们甚至会让家长绘制"加工速度家谱"，帮助我们确定有类似问题的家庭成员之间的联系。

绘制加工速度家谱

加工速度有家族遗传倾向。有时候我们会让家长在我们的办公室画一张家谱，追踪加工速度的遗传路径。我们鼓励家长考虑在世和已故的家族成员，确定哪些成员可能有或者已知有加工速度缓慢问题。这里我们给出妮科尔家的例子（见图6）。

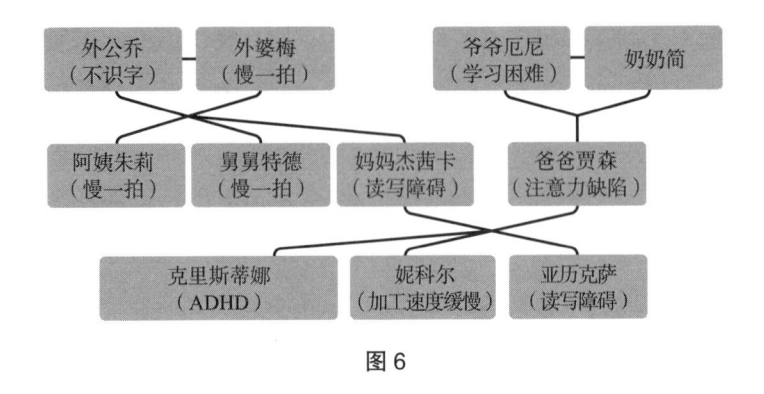

```
外公乔           外婆梅              爷爷厄尼         奶奶简
(不识字)        (慢一拍)           (学习困难)

阿姨朱莉   舅舅特德   妈妈杰茜卡   爸爸贾森
(慢一拍)   (慢一拍)   (读写障碍)   (注意力缺陷)

         克里斯蒂娜      妮科尔         亚历克萨
          (ADHD)      (加工速度缓慢)  (读写障碍)
```

图 6

6 岁的妮科尔由于在一年级时进步缓慢而来到我们的办公室进行评估。她的父母指出，她在一年级学生该有的各项技能方面都落后，比如识字。老师评价说可能课堂节奏对妮科尔来说太快了。我们想知道其他家庭成员是否也有类似的问题，就让妮科尔的父母画一张家谱，找出和他们的女儿相似的人。随着他们把家庭成员一个个列出来，问题变得更清晰了。他们双方家族里都有不少人"慢一拍""有学习困难"，或有评估证实的加工速度缓慢问题，就像妮科尔一样。

▼▼

在一些案例中，我们还见过自己做过一些测验表格的孩子家长。有些家长需要做测验才能参加超常资优项目，有些家长需要做测验确定自己有学习障碍的可能性，还有些家长只是因为这是学校标准流程的一部分才做的测验。如果家长有他们自己的测验分数，那我们会鼓励他们带来，因为父母的测验概况也许能帮助我们更好地理解他们的孩子。

10 岁的伊娃就是这样的例子。伊娃来我们这里做测验，因为她上课时难以集中注意力，很难完成作业，识别社交线索有困难（比如对笑话反应很慢、不理解讽刺的话）。在伊娃的评估过程中，她的父亲找到了自己在读法学院时的测验结果。他记得当时这个测验结果"帮他获得了考试延时"，所以他觉得这可能会帮助我们更好地了解他女儿的问题。伊娃的父亲接受了早期版本的韦克斯勒成人智力量表修订本（Wechsler Adult Intelligence Scale-Revised, WAIS-R）的测验。我们对伊娃施测了韦克斯勒儿童智力量表第四版（WISC-IV）。经过我们的评估，他们的结果惊人的相似。

有其父必有其女

父母和孩子可能有相似的认知特征。我们以 10 岁的伊娃和她 44 岁的父亲斯蒂芬为例。斯蒂芬在上法学院期间（1996 年）进行了全面的神经心理评估。伊娃在我们的办公室接受了评估（2013 年）。表 2 是他们智力测验的结果，其中包括加工速度项目。

他们两人的平均综合得分为 100 多分，分数介于 85 和 115 之间，属于平均范围。他们的结果惊人的相似，两人都有非常严重的加工速度问题。他们解决问题的能力水平属于人群中顶尖的 2%～3%，而加工速度水平却是垫底的 2%～3%。斯蒂芬的专业领域是房地产法，这方面的工作要求花大量的时间在审核细节和合同上，斯蒂芬做得非常成功，因为在这样的工作中他的智力更重要，加工速度并不重要，甚至不是必要的。他擅长慢慢地思考问题和找到解决方案。他找到了自己独特的优势，获得了成功，也成为伊娃很好的榜样。

表2 斯蒂芬和伊娃的智力测验结果

测验项目	综合得分	百分位数
斯蒂芬，WAIS-R，1996年		
语言理解	130	98
知觉组织	129	97
专注力	106	66
加工速度	72	3
全量表智商	112	79
伊娃，WISC-IV，2013年		
语言理解	127	96
知觉推理	129	97
工作记忆	102	55
加工速度	68	2
全量表智商	110	75

家庭成员之间的适配度

研究显示，当孩子和所在的环境不适配时，他们在成长的过程中会表现出行为问题和其他的困难。因此，很多心理学家关注"良好适配"，也就是孩子的个性和行为与他们家庭的适配度。大多数的研究都专注于家长和孩子的适配，而不是兄弟姐妹之间或者大家庭内部的适配。研究持续表明，孩子和父母的个性不适配会导致家里的压力增加。

虽然加工速度只是一个变量，但这是一个重要的变量，也是一个会随着时间变得越发重要的变量。很多变量会随着时间而向好，比如一个爱哭闹的婴儿和一个易怒的母亲之间的关系会随着时间而改善（母亲学会了变得更灵活，婴儿长大了脾气变好）。但是加工速度问题容易随着时间而恶化，因为在快节奏的世界里，大众对成功互动的预期越来越高。

因此，让家长了解自己的加工速度很重要，因为这样他们才能更好地理解自己和孩子的适配度。在成人阶段，加工速度也许看起来有些不同，但大前提是相同的：加工速度是一个人做完事情的速度。父母的加工速度缓慢可能的呈现方式详见下页的清单。在这个清单里，您勾选的越多，加工速度的问题就越多。您也可以比较一下您的结果和孩子在第一章自测表里的结果，看看你们在哪些方面"适配"，哪些方面"不适配"。您也可以用这个清单衡量家里每位成员的加工速度，它可能会有所帮助。您不仅可以用这个清单比较分数（看看不同家庭成员之间的适配度），还可以了解每个人的优势和劣势，以及他们和其他家庭成员之间的适配度。

快父母和慢孩子

我们在工作中最常见到的父母和孩子的"不适配"是快父母带着慢孩子。父母带着整理好的文件来访，语速飞快，同时还可以在手机上处理工作邮件。而孩子呢，慢吞吞的，把书包忘在了等候室，回答问题前停顿好久，而且似乎不明白为什么他们要来我们的诊所。

您的加工速度怎么样?

勾选以下适用于您(或您代为填表的家人)的描述。

视觉信息加工速度

- ☐ 容易忽略细节
- ☐ 不校对自己写的东西(比如邮件、笔记)
- ☐ 容易犯粗心的错误
- ☐ 错过含蓄的社交关系线索
- ☐ 容易开小差,因而没有看到重要的视觉信息
- ☐ 写字或者打字时漏词、漏字、漏短语

言语信息加工速度

- ☐ 听别人讲话时容易走神
- ☐ 似乎不太理解指令或多步骤的指示
- ☐ 当别人一下子告诉太多信息时感到不知所措
- ☐ 需要很长时间做决定或回答问题
- ☐ 即使知道答案,也会犹豫是否要回答
- ☐ 回答问题总是很简洁
- ☐ 不太参与工作场合里的讨论
- ☐ 不像别人那样记得细节或回忆事情
- ☐ 跟不上会议和演讲的节奏
- ☐ 作文中有不少语法错误

- 社交活动中注意力不集中
- 与人交谈时需要更长的反应时间（比如在对话结束后才想起来要说什么）

运动速度

- 即使前一天晚上睡得挺好，白天也觉得累
- 在别人看来懒洋洋的，做事情没有什么动力
- 动作慢
- 不太愿意开始一项任务（比如做一本家庭相册）
- 可以完成任务，但是需要超出正常的时间
- 写字非常慢

职业或学业流畅性

- 一直以来阅读很慢
- 在学校做数学练习慢，很难记住基本的数学知识
- 开会记笔记有困难
- 写作时组织和表达想法有困难
- 工作表现时好时坏（比如三天慢一天快）
- 朗读不流畅
- 工作时容易开小差
- 容易犯标点符号和大小写错误
- 明明知道单词的拼写，但是一写就有很多错误

其他方面

- 别人说我看起来很困惑
- 别人抱怨我心不在焉
- 各项任务都很难坚持到底
- 不喜欢需要注意力高度集中的任务
- 总体上表现得比别人慢一拍
- 需要更多的时间来完成任务
- 健忘,比如忘记当天早些时候的事情
- 经常问"什么?"
- 一项任务刚开始表现挺好的,但是很快就放弃了
- 会匆匆忙忙地完成任务交差
- 在社交活动中与人互动时迟疑不决

您勾选的表现项目越多,有加工速度问题的可能性就越大。

对加工速度快的家长来说，有个加工速度慢的孩子是很沮丧的。而对加工速度慢的孩子来说，有加工速度快的父母也是很痛苦的。

13 岁的迈克尔和他的妈妈一起来到诊所，他们迟到了 45 分钟，因为迈克尔放学后忘记先回家了。他和他妈妈争论到底该怪谁。他说："妈妈，我只是在放松。你也要学会放松！"他的妈妈是一位商业高管，是一点都不"放松"的类型。她同时管理五百多个客户，从不迟到，凡事都很有规划。她提前一年就从商学院毕业了，她说自己把家庭管理得像是"上了润滑油的机器"。她不明白为什么迈克尔这么慢。根据她的描述，迈克尔和他爸爸的弟弟——他的叔叔一模一样。

我们对迈克尔进行了全面的神经心理评估。结果显示，他符合 ADHD（或注意力障碍）诊断标准。正如很多有注意力障碍的孩子，迈克尔的加工速度极其缓慢。他的妈妈对这个结果并不惊讶，但是她惊讶于我们对于迈克尔有这种困难的解释。迈克尔的加工速度慢是生理性的，是他的大脑独特的构造引起的。他的困难并不是因为缺乏动力、不努力或低智商；他只是花了更长的时间做事。

和发现迈克尔的问题几乎同样重要的是帮助他的妈妈理解她和迈克尔之间的不适配。我们强调了这会使他们双方都很沮丧。他们两人都同意了。接下来，我们帮助迈克尔的妈妈制订对迈克尔来说切合实际的预期目标。我们指出，吼迈克尔或者命令他"动作快一点"很可能是帮倒忙。我们还提醒他妈妈，迈克尔长大后很可能不会成为像她那样的适应快节奏的高管，因为他的认知特征让他不适合这样的工作。在这个过程中，他的妈妈跟我们分享，她害怕迈克尔长大后会变得"跟他爸爸一样"。他的爸爸是一位不太成功的音乐家，因为他总是没法完成很多事情。她和迈克尔的爸爸离婚有很多原因，其中一个就是不希望迈克尔变成他爸爸那样。

我们跟迈克尔的妈妈保证，并不是加工速度慢就会有失败的人生。反而，不了解自己，或者因为不在自己掌控内的事情而被父母和老师批评，会导致负面的后果。这些信息帮迈克尔的妈妈调整了自己对迈克尔的预期目标，解答了为什么她的家庭生活一直以来充满压力，也最终帮助她和迈克尔互相增进了对彼此的理解。

慢家长和慢孩子

另一个"不适配"的亲子组合是慢家长和慢孩子。由于加工速度的遗传性，这个组合是很常见的。虽然听上去这个组合可能是很好的适配，因为这个组合里的家长也许会更理解孩子，但实际上结果可能是双方对彼此同样沮丧。

11岁的莉萨和她的妈妈达琳就是很好的例子。达琳说莉萨是"行走的灾难"，她无法完成考试，无法完成学校项目，也无法按时起床。莉萨每隔一周都会因为上课迟到而至少被留堂1次。达琳坦白说自己也有很多一样的问题。她刚刚从银行高管的行政助理职位上被解雇了，因为她几乎在工作的每个方面都长期落后。她还透露，家里"一团糟"，因为她开始了厨房的装修但是一直没有完工。她和先生准备安装的地板至今都没拆箱，还摆在客厅中央。测验结果显示，莉萨的加工速度缓慢，她还有注意力问题和执行功能问题（比如，提前计划、整理和把握全局的能力）。

在我们和达琳讨论莉萨的测验结果时，达琳告诉我们，她丢工作的原因是她有着很多和莉萨一样的问题。我们告诉达琳这会对莉萨不利，因为莉萨和她很类似，而她并没有掌握莉萨需要的一些技能，所以很难知道怎么帮助莉萨。莉萨需要生活中有人为她安排计划、日程和设定明确的目标，达琳也是如此。考虑到达琳很难帮她女儿改善加工速度缓慢和执行功能缺陷，我们建议她为莉萨找一位执行功能辅导老师，让这位老师帮助莉萨更有条理、更有效地学习，按时完成任务。这个方法是为了帮助莉萨把这项任务外包出去，从而减轻达琳的压力。我们也告诉达琳，现在开始学习一些应对策略对她来说也不晚。我们给她推荐了一位为跟她有类似问题的成人服务的执行功能教练。

灵活的家长和慢孩子

和加工速度缓慢的孩子最适配的家长不是加工速度尤其快或尤其慢的家长，而是灵活的家长。约瑟芬就是这样的家长。她很本能地知道，有时候她的儿子帕特里克需要一些动力才能着手做一件事情，有时候他需要更多的时间适应，抑或需要直接的帮助。但是，帕特里克并不总是需要更多的时间或者直接的帮助完成一个项目，他在不同的时候需要的不一样，而约瑟芬总能预测到他的需求。

您可能会问："这样的家长真的存在吗？"答案是："并不是每天每时每刻都存在。"任何父母都不可能每时每刻都很灵活，但是我们可以朝这个方向努力，这会给您的家庭生活带来很大的改变。灵活的父母意味着不说这样的话："上次帕特里克的这个项目，我是这样帮他的，很有效，但是这次却行不通，他真是难搞。"相反，灵活的父母会说："上次有效而这次却行不通，肯定是有原因的，那么这次和上次是有什么不同给他带来了困难呢？"然后他们会用这个信息预测下次帕特里克有可能会遇到的困难。如果您有不止一个孩子，那么您可能就会注意到您对一个孩子比对另一个更灵活，因为孩子的性格有差异。我们常听到家长说："对另一个孩子来说我是一个更好的妈妈/爸爸，因为我懂她。我的儿子和我太不一样了，所以我就是很难灵活地对待他。"

这种灵活性可能对加工速度中等，而不是极快或极慢的家长来说更容易。中等的加工速度可以让家长在需要快的时候快起来，需要慢的时候慢下来。但是，这并不意味着只有加工速度中等的人才能更灵活。不管您的风格是什么样的，您在阅读这本书就意味着您在寻求答案和信息，这都会为灵活变通奠定基础。如果我们不知道怎么变通、为什么需要变通、什么时候变通，就没法灵活变通。我们希望，即使没法提供详细的步骤解答怎么、为什么、什么时候这几个问题，对这些问题了解得更多（通过阅读本书）也可以帮您更灵活地思考这些问题。

劳丽是14岁的泰勒的妈妈，她是我们见过的最灵活的家长之一。我们在诊所见过泰勒好几次。8岁的时候他被诊断为ADHD，他当时行为冲动、脾气暴躁、注意力不集中、生活一团乱、健忘、加工速度缓慢。泰勒刚开始来做评估时，劳丽并不是最灵活的家长。实际上，当我们第一次问她和她的丈夫为什么带孩子来做评估时，她说："因为我再也受不了他了。"让劳丽和她的丈夫走上更灵活的养育道路的原因是，他们向专业人士寻求了帮助，并采纳了心理学家给的建议。可能这看上去没什么，但并不是所有寻求帮助的家长都能遵循评估后的建议。采纳建议意味着改变您的习惯和已经习得的行为，而做出改变是需要灵活变通的。所以，如果您已经带孩子进行了评估但发现采纳建议很难,那么请想一想为什么难。如果您已经带孩子进行了评估但情况并没有好转,那么也许是时候改变方向或思考为什么没有好转。在任何一种情况下,灵活都是关键的因素。

泰勒 14 岁时,他的很多问题都不那么严重了。他能成功地应对 ADHD 和加工速度缺陷主要归功于他妈妈劳丽的灵活度。她在泰勒需要的时候充当他的执行功能教练,帮他保持笔记整洁,规划学校的项目,以及协助他进行时间管理。当他迟迟不能完成作业的时候,她为他提供如何开始的帮助。其他时候,如泰勒很冲动的时候、做作业匆匆了事的时候,她帮他慢下来,轻声细语地告诉他休息一下再做。劳丽有时候动作快、反应快、有条理,有时候冷静、缓慢、有耐心。这样的灵活度是劳丽努力培养出来的,也正是她帮助泰勒克服加工速度缓慢和 ADHD 的关键。

兄弟姐妹之间的适配度

父母与孩子之间的适配度是我们需要考虑的重要因素,兄弟姐妹之间的适配度也是。同样的,常见的问题也包括两个人处在加工速度的两个极端。也就是说,一个加工速度慢的孩子如果有一个加工速度尤其快或尤其慢的兄弟姐妹,双方的关系就会容易出问题。

我们首先来考虑一下快和慢的组合。这个组合会让所有人都很沮丧。快的孩子可能会恼火自己的家庭生活因为慢的兄弟姐妹而需要"慢下来"。慢的孩子会觉得自己跟不上家人的节奏,怨恨兄弟姐妹总能很容易地快速做完事情。争执和沮丧可能由于加工速度差异而爆发。

慢和慢的组合也同样麻烦。有多个加工速度缓慢的孩子可能会大大地减慢一个家庭的速度。父母必须分配时间和资源帮助两个或更多孩子应对缓慢的速度，这可能会让人筋疲力尽。在所有孩子都慢的家庭里，兄弟姐妹不能互相弥补不足。对加工速度缓慢的孩子来说，最好的父母是灵活的父母。同样的，最好的兄弟姐妹是灵活的兄弟姐妹。灵活的兄弟姐妹会给加工速度缓慢的孩子提供合理便利，调节自己的速度以最好地满足加工速度缓慢的孩子的需求，并帮助弥补其加工速度慢的不足。可即使是最灵活的兄弟姐妹，如果他们总是不得不妥协也会不耐烦。请记住，这对每个人来说都很难，即使是表面看起来可以"轻松应付"的家庭成员。

整个家庭的适配度

虽然我们本章的例子都是基于真实的家庭，但大多数的家庭系统都比我们的例子更复杂，而且不同的加工速度、风格和家庭构成（大家庭、小家庭、继父母、继兄弟姐妹）的组合是无穷尽的。一个有快妈妈、慢爸爸、快儿子、慢女儿的家庭和一个有慢单亲妈妈、两个慢孩子和一个快孩子的家庭运作模式不同。

杰克逊一家的家庭成员有一系列不同的加工速度。凯莉（妈妈）很快，杰夫（爸爸）很慢，乔纳森（儿子，14岁）很快，利拉（女儿，10岁）很慢。这听上去很复杂，但是杰克逊一家很清楚他们各自不同的"速度"，也很自然地能想办法应对这些差异。杰克逊一家就是我们所说的"灵活的家庭"。他们能够结对，并以多种方式相互合作、互相扶持！例如，杰夫要花好几个小时才能在电脑上整理好家庭照片，而做这类事情很迅速的凯莉就会因为他花这么久时间而沮丧。她知道自己最好不要和丈夫一起做这类项目，否则容易引起冲突。所以，乔纳森（也很快），而不是凯莉，就会帮助杰夫一起整理照片。乔纳森和凯莉一样，加工速度快，能够快速浏览视觉信息和快速决定哪些照片该放到哪个电脑文件夹里。乔纳森也很享受帮助爸爸。这让他觉得很有成就感，也让他能够和爸爸一起度过美好的时光。

当乔纳森和他的爸爸一起做这类项目时，凯莉就会帮助利拉做作业。尽管凯莉很快，但她也是个我们之前提到过的灵活的家长（但不总是一个灵活的妻子）。她能够放慢速度配合利拉做作业的速度。她会耐心地帮助利拉做作业，在利拉分心的时候提醒她，指出利拉粗心的错误，并全程给予鼓励。因此，虽然杰克逊一家有复杂的加工速度组合，这通常令人非常沮丧，但是他们找到了应对和互相支持的方法。

威尔逊一家也有复杂的加工速度组合。利安娜·威尔逊是一个单亲妈妈。孩子给她起了一个外号叫"乌龟"。她非常慢：做晚饭很慢，经常迟到，估算完成一件事情（比如出门买东西）要花多久的能力特别差。她有两个儿子劳伦斯（12岁）和戴维（10岁）。他们获取信息迅速，完成作业毫无困难，爱玩速度类游戏（比如抢答）。但是，利安娜的女儿奥利维娅（7岁）就像她妈妈一样，加工速度缓慢。她需要别人多次重复指令，不管是回答老师还是妈妈的问题都很慢。

不同的加工速度时常让他们的家庭生活充满了压力。在全家外出时，劳伦斯和戴维很容易不耐烦。例如，在科学博物馆，他们跑在前面，快速地探索，从一个展览到另一个展览，而他们的妈妈和妹妹落在后面，可能仍然在包里寻找她们放错地方的水瓶。这样的差异有时候导致了家庭的"分裂"。利安娜和奥利维娅待在一起的时间更长，因为她们更相似，也有共同的兴趣。劳伦斯和戴维像双胞胎一样"黏"在一起。他们什么事情都一起做：打电脑游戏、玩桌游、进行室外活动。最终，利安娜找我们进行咨询，因为她担心家庭会"分裂"。我们的目标是帮利安娜和孩子们理解不同家庭成员之间加工速度的差异，以及想办法应对这些差异。

一个家庭如何团结起来一起支持加工速度缓慢的孩子？

有很多方法可以让您的家庭成员团结起来一起支持加工速度缓慢的孩子。利用家庭支持、学校支持和社会支持都是应对的方法。我们会在接下来的几章分别探讨这几个方面。不过，首先，我们想给您讲解一些基本的概念。家庭功能领域的研究已经确定了几个有利于家庭成功应对压力的步骤。这些步骤也绝对有助于一个家庭应对加工速度缓慢带来的压力。

承认问题

和对待很多问题一样，第一步是您要承认这是个问题。您正在阅读这本书就说明已经怀疑您的孩子有问题，甚至已经知道了有问题，并在接受这个问题对您和孩子意味着什么的过程中。如果您很难接受这是个问题，那么有些事情应该牢记。

第一，有时候家长很难接受这是个问题，可能是因为他们自己多年的挫败感。对有些家长来说，接受这是个问题意味着他们承认自己的孩子"在有些方面比平均水平慢"。他们错误地预设这就意味着孩子"不聪明"。我们希望本书已经向您展示了"慢"和"不聪明"不是同义词。

第二，有时候家长很难接受，是因为他们觉得如果自己接受了，那么就不得不承认是自己"造成"了这个问题，比如他们没有给孩子一个足够好的环境，没有给孩子足够的练习机会，或者让孩子看了太多电视节目。请记住：不管是您做过的还是没做过的事情，都不能造成孩子的加工速度缓慢问题。

第三，有时候家长很难接受，是因为让他们承认孩子只是"懒惰"比承认孩子有长期的困难且在成长过程中需要灵活性来得更容易。遗憾的是，您的孩子无法更快，如果他能够更快，那他会的，没有人喜欢拖拉。可能的话，几乎所有的孩子都会选择更快。

减少其他家庭压力源

如果家里还有其他重大的压力源，那么家长应对孩子缓慢的加工速度会更困难。研究已经清楚地表明：随着压力的增加，应对机制的有效性会减弱。所以，发现其他形式的压力源，并尽量减少这些压力源是至关重要的。有时候，对加工速度缓慢的孩子最有效的策略是将与他们不直接相关的压力源最小化。例如，您和您的先生正面临着经济上的压力，那么在处理这方面的压力时无需让孩子知道财务上的细节。

教育、教育、教育

知识就是力量。知道得越多，您理解和面对日常问题的能力就越强。当您对无法定义的事物不那么害怕时，您就会发现自己不那么焦虑了。而且，当有问题出现时您也能感到自己有能力应对了。您会发现自己不那么容易有挫败感，也不容易不耐烦了，因为您知道您的孩子已经尽力了，他不是故意给您惹麻烦的。像阅读本书这样的书籍、咨询儿童心理学家、与老师交谈、参加当地的会议、与其他家长交流等，这些都是让您成为更有知识、更有能力的家长的好方法。

现在，我们已经为您和您的家庭成员提供了一些基本信息，这些信息可以帮助您缓解加工速度缓慢的孩子带来的压力。您可能在想："好吧，有道理，但是我到底能做什么呢？"做一个理解家庭成员之间独特适配度的灵活的家长只是一个开始，这还不够。您还需要一些实用而具体的技巧，我们将在接下来的三章探讨这些技巧。

第五章

家庭生活中的加工速度

如果您有一个加工速度缓慢的孩子，您可能会发现您的家庭生活充满了压力，您经常感到不知所措和愤怒。实际上，谢里尔的妈妈，斯蒂芬妮，就用了这两个词描述她的生活。我们评估了 11 岁的谢里尔，因为她的老师觉得她有"加工问题"，而且"在学校里，她的注意力似乎总不在她该做的事情上"。在校外，虽然斯蒂芬妮不断提醒谢里尔，但是谢里尔还是要花好几个小时才会开始做作业。斯蒂芬妮说："更别说做家务了，我们让她打扫自己的房间和收拾洗碗机，她都从来不做。她无法完成作业，甚至无法开始做作业，那我更不抱希望她会帮忙做家务了。"

斯蒂芬妮不明白，为什么谢里尔连把脏衣服从地上捡起来都需要花 30 分钟。晚饭后，谢里尔好不容易开始做作业了。像往常一样，她要写好几个小时的作业，直到该睡觉了都没法完成。谢里尔不知道做作业该从哪儿开始，斯蒂芬妮就需要干预，帮助谢里尔一项作业一项作业地攻克。做 1 页数学练习题她就要花 1 小时，即使这些数学知识她当天在学校里刚刚复习过。到了深夜，谢里尔和斯蒂芬妮都精疲力尽、沮丧不已。这样的夜晚太痛苦了，斯蒂芬妮迫切地需要帮助。

21世纪的家庭生活是忙碌的。家长们每天都要应付好多件事情：早上帮助每个人做好出门的准备、做早饭、协调接送安排、收拾书包、在学校的知情书上签字、查收邮件、安排课后玩耍的邀约、送孩子上舞蹈课、开车穿过小镇送孩子去踢足球、辅导作业、准备晚饭……这个清单极长。家里有一个加工速度缺陷的孩子会使每个人、每件事都慢下来。简单的日常任务可能会花费他们双倍的时间，全家人总是迟到，父母的沮丧会升级为大喊大叫和家庭冲突，同时加工速度缓慢的孩子会感到自责又无奈。

我们的研究显示，加工速度在家庭生活中是一个大问题。我们发现，一般来说，加工速度越慢，在日常生活中（如完成家务）出现的问题越多。当加工速度缓慢的孩子谈到家庭关系时，他们常说自己和父母的关系比较负面，这个比例显著高于同龄人。此外，如下表显示，大多数加工速度缓慢的孩子在家庭生活中有不少困难，比如，着手做任务、保持井井有条，以及管理好自己和自己的东西。

表3　加工速度缓慢的孩子在家庭必要的运转中有困难的比例

问题领域	据报告有显著困难的比例
保持井井有条或有计划	81%
自我监控	76%
着手做任务	72%
管好自己的东西	66%
控制冲动	65%
转换任务	63%

下面罗列的都是相当严重的问题，涉及非常多与家庭生活相关的任务。

- 吃饭时不好好坐在座位上。
- 不适应家里日常的变化，比如尝试新的食物。
- 很难着手并完成作业、大的项目和家务。
- 很难适应新事物，比如穿新的运动鞋和家庭度假。
- 表现得像个"沙发土豆"。①
- 忘带做作业需要的材料回家。
- 对怎么在家帮忙有很好的想法，但是缺乏后续行动。
- 低估完成任务需要的时间，比如早上做好准备上学、晚上做好准备睡觉、完成家务。
- 不会根据预期的目标提前计划，比如为一款电子游戏或大件物品攒钱。
- 房间一团乱，找不到东西。
- 留下烂摊子，需要别人来清理。
- 很难意识到自己的行为惹恼了别人，比如兄弟姐妹或其他亲戚。

那么，家长该怎么办呢？我们回顾一下第二章中介绍的三个A原则：接纳、提供合理便利、发声。在作为心理学家的实践中，这是我们帮助有加工速度缓慢的孩子的家庭克服困难时所遵循的原则。

---

① 译注："沙发土豆"指长时间待在沙发上看电视，什么都不干的人。

接受和理解加工速度缓慢问题是如何影响家庭生活的

解决问题的第一步是接受和理解这个问题。有一个加工速度缓慢的孩子对家庭生活有显著的影响。您越早认识到这些影响就能越快应对。一些孩子缓慢的加工速度对日常生活的影响可能对您来说已经很明显了，还有一些可能并不明显。在我们的诊所，其中一个最常见的抱怨和家庭作业有关。我们承认，孩子做家庭作业的情况对所有家长来说都很痛苦，但是对加工速度缓慢的孩子的家长来说，这种情况可以导致他们彻头彻尾的崩溃。

作业困惑

加工速度缓慢的孩子在课堂上经常很迷茫，因为老师可能讲课太快或给了太多步骤。所以，当孩子到家时，他可能不记得作业是什么、什么时候要交，以及作业和"大局（big picture）"之间的关系是什么（也就是上课的重点是什么）。因为这些孩子很难吸收信息，也很难提取已知信息，所以他们搞不清楚"大局"是很常见的。他们花太多的时间消化细节而错过了"大局"。即使是非常聪明而且擅长解决问题的孩子也会如此。因此，家长可能想不明白老师布置这个作业的目的是什么，甚至可能会责怪老师给孩子布置这样没有合理目标的作业。问题可能在于孩子，因为他们忙于努力记住所有的细节，而错过了重要信息。

启动缓慢

加工速度缓慢的孩子着手做作业很慢。八年级的凯尔的加工速度缓慢,也有 ADHD。父母对他"缺乏动力"极度沮丧。他们觉得凯尔是一个缺乏"自驱力"的"懒汉"。他要花 30 分钟才能做好准备开始做作业。他从书包里慢慢地拿出笔记本后,意识到有一本书落在了学校里。接下来,他花了好长时间削铅笔,发短信问同学作业要写哪几页,还准备弄点零食吃。等到他真正开始做作业,又要比其他学生多花将近 3 倍的时间才能做完。

做作业应该花多少时间?

这个问题的简单答案是:"看情况。"因为完成作业所需的时间取决于很多因素,比如学校和年级的类型(私立、公立、蒙特梭利)。基本的标准是:对于低年级学生应该尽量减少作业(比如一年级的学生每天写作业的时间不超过 20 分钟),但是随着学生年级的升高作业量会增加。到了高中,您的孩子可能每天晚上要花好几个小时做作业。当然,这可能取决于学生们之间的"竞争"有多激烈和升学的压力具体有多大。

学校和老师通常都对孩子花多少时间做作业有一个目标值。了解一下您孩子学校的具体政策。如果孩子花在作业上的时间远超过学校的预期,那么您可以和老师沟通,让孩子在做作业上花固定的时间,而不是完成固定的作业量。您可以非正式地和孩子的老师协商这个调整。如果这行不通，那么您可以正式地将其落实到孩子的 IEP 或者 504 计划中。

有时候，限定写作业的时间可以加快孩子做作业的速度。例如，如果有一份数学作业，同龄人大概会花 30 分钟写完，但是您的孩子可能需要 2 个小时。她可能会不情愿开始做这个作业，因为她知道自己完成不了（大多数孩子不会明说，但是他们知道也感觉得到）。但是，如果您要求她只需要花 30 分钟在写数学作业上，那么她很有可能更愿意着手做这个作业。因为她知道有一个明确的目标，一旦开始，就可能会更愿意继续坚持。

▼▼

很难完成

加工速度缓慢的孩子在完成作业方面有明显的困难，他们（他们的父母陪着）经常要熬到深夜才能完成家庭作业和准备考试。

虽然完成作业的问题是我们在工作中最常听到的，但加工速度缓慢的孩子在家还有很多其他困难。家长经常很沮丧，自己的孩子做简单的日常任务也需要很久，比如穿戴整齐出门、准时赶上校车、准时来餐桌吃晚饭。7 岁的杰茜卡的加工速度缓慢，她每天早上在做好上学准备之前有很多困难。她起床很难。她的父母叫醒她之后还得叫她三四次，催她动作快点。杰茜卡会慢慢地来到洗手间，比她的姐妹多花两三倍的时间刷完牙。她又要很久才能穿好衣服、吃好早餐、完成喂狗的任务。

和很多加工速度缓慢的孩子一样，杰茜卡很难下定决心，也很难快速地做决定。例如，面对三种不同的麦片做选择时，她经常发呆，好像迷失在自己的想法中。她的父母很郁闷，总是在不断地重复跟她说话，有时候他们怀疑杰茜卡到底有没有在听。他们也很惊讶杰茜卡很难记起曾经见过的朋友。有一次，杰茜卡的妈妈和一位新邻居在聊天。这个邻居之前来过他们家，也见过杰茜卡几次。杰茜卡的妈妈和这位邻居聊完天后，杰茜卡问："妈妈，这是谁呀？"记住和家庭事务相关的信息对加工速度缓慢的孩子来说很难，比如快速回忆起一个亲戚的名字、记得即将开始的家庭旅行、记得见过某人。

加工速度缓慢的孩子除了需要更长的时间完成任务和作业，他们还不擅长估计完成任务和活动需要花多少时间。也就是说，当你问一个这样的孩子做完社会学作业要多久，她很有可能会严重低估所需的时间（比如她估计只需30分钟，而实际上她要花2个小时）。有时候他们以为只要1个小时的事情而实际上要花上4个小时。因为他们的计划不周和错误的时间估计，他们的家人不得不常常改变计划，参加活动和外出时频繁迟到，为此他们常常感到不好意思。

16岁的杰西就是这样的，他总是落在其他同学的后面。他放学回到家，妈妈问："你有多少作业呀？"杰西通常会低估需要的时间，他会说："大概45分钟吧。"实际上，按照他的作业量，写完需要超过2个小时，但他因为速度慢会花3个小时。结果就是，他的妈妈不断地调整计划和取消预约。杰西错误的时间估计，加上他缓慢的加工速度，打乱了家庭生活的节奏，给家里所有人都带来了挫败感。

杰西上大学前一个星期，他的妈妈打电话告诉我们杰西高中毕业了，很期待上大学。不过，她也告诉我们，杰西三个月前就收到了高中毕业礼物，但他还没有给送礼的人写感谢信。她唠叨了杰西整个夏天，直到杰西前去上大学的前一周，杰西才保证出发前会写完。他说："妈妈，别担心。我10分钟就能写完，时间多的是。"不用我们说您可能也猜到了，杰西离家上大学时，还有39封感谢信没有写。

杰西的说法

我们很好奇杰西是怎么看自己没有在出发上大学前写完感谢信这件事的，所以我们联系了他，想听听他的说法。他的解释是这样的："让我坐下来写信，我觉得不会花很久。如果我妈妈没有跟我说'慢慢来，暑假每天写几封信'，那我可能会写完。我觉得如果她跟我说'现在赶紧把这些写完'，那我可能更会写完，因为这样我就知道这事情是有时间限制的，而这个限制是现在。时间管理好难，尤其是当你很不想做一件事情的时候。虽然我妈妈觉得我不可能用10分钟完成这个事情，但是我真的觉得我不分心的话很可能可以，我一天又一天地拖，突然就到了出发上大学的时候。"

虽然杰西的解释并不是很有帮助，但它也确实说明了一些问题。第一，尽管杰西没有写完感谢信，但他依旧相信自己可以在10分钟内写完39封感谢信。第二，他确实意识到了时间管理对他来说很难，这是一个好的开始，但是这并不一定会马上带来改变。第三，他确实知道对方怎样做可能对他更有帮助。在这件事情上，他的妈妈需要更直接地指挥他。他的妈妈让他觉得自己有一整个暑假可以写感谢信（确实也是这样的），但是如果他的妈妈说："你今天就做这件事情，因为这些人花了钱，他们想听到也理应得到你的感谢。他们现在就在等这些感谢信。"也许杰西就能写完信。在这个过程中，他也会发现做这件事情需要远不止10分钟。

在家为孩子的加工速度缺陷提供合理便利：策略和建议

认识到加工速度对日常家庭生活的影响，是帮助孩子克服这些困难关键的第一步。正如我们在前几章提到的，改善孩子在家的加工速度并没有灵丹妙药。但是，家长可以用一些策略，为孩子提供一些合理的便利帮助孩子在家加快速度，使他做事情更有效率，也减轻全家的沮丧程度。正如您所见，我们现在来到了三个A原则的第二个A：提供合理便利。

▼▼

在家为有加工速度缓慢问题的孩子提供合理便利的实用策略

- 把日常生活安排得规律化、结构化。
  - 制订清晰的日程表提高孩子在家的速度。
- 改变您在家说话的方式。
  - 调整您和孩子说话的语速、语调、语言复杂程度。
- 注意时间。
  - 增强孩子的时间意识，协助孩子进行时间管理。
- 行动（和图像）比文字更有力。
  - 同时用听觉和视觉的渠道帮孩子进行更快的信息加工。

▲▲

把日常生活安排得规律化、结构化

加工速度缓慢的孩子的一个大问题是：家庭生活通常不够有组织性和可预测性，尤其是和学校生活相比。学校生活有课程表，每天的计划往往很清晰，孩子坐在同一张书桌和同一批人互动，一位老师紧密地监督、关心学生，每天都差不多。

学校外的生活通常就没有那么规律，也没有人监管。外面的世界每天都有新的挑战，不管是快速决定在餐馆点什么吃，还是适应计划的变动（比如是去看电影还是去海滩，是去温迪阿姨家过夜还是去祖父母家）。因此，在我们的诊所，我们给家长的一条关键建议是：尽可能地保持家庭生活有组织性和可预测性。家庭生活需要更有规律。

您可以这样想：一个任务您练习得越多，做起来就会越快，因为任务变得更熟悉、更可预测，做任务的过程也更规律了。因此，我们鼓励家长让家庭生活"结构化"，让事情有条不紊地进行。这样，加工速度慢的孩子就有机会"练习"日常活动，并最终加快速度。完成每晚的家庭作业都应该在同一个时间同一个地方；每天晚饭前要洗手，每个人都有自己固定的座位；把狗粮放在一个固定的柜子里，每天早上第一件事情是喂狗，即使周末也如此。

我们来看看 10 岁的蒂姆的例子。他的父母找到我们，因为他们不明白为什么蒂姆很难理解指令，也很难高效地完成任务。蒂姆和他离异的父母每天的生活都很忙碌。他父母的工作时间都不固定，所以每天的安排都是不同的。有时候他妈妈送他去学校，他爸爸接他放学，然后他爸爸会和他一起打游戏，直到吃晚饭。之后，蒂姆会回到他妈妈家，他妈妈要求他在睡觉前快速做完作业。而有时候的安排是完全不同的。他妈妈会接他放学，而他需要早点做完作业，因为他在晚饭前会被送到他爸爸家。

蒂姆的父母注意到蒂姆的动作非常慢，而且他几乎很难快速完成任务，也很难从一个地方换到另一个地方。这让他的父母很沮丧。他们不知道这个问题是不是最近离婚的事造成的。在进行了正式的评估后，我们了解到蒂姆的加工速度远低于同龄人。而且，在测试时，他很难快速地从一个活动过渡到另一个活动，在信息排序上也有困难。例如，有一个多步骤的数学题需要心算，不能用纸和笔，这种需要工作记忆的任务对他来说很难。从一个活动过渡到另一个活动时，他要花很长时间，还需要休息一下，或者他要花很长时间理解新任务的指令。

我们建议蒂姆的父母在两边的家庭环境中都制定一个固定、清晰的周计划时间表。我们强调，这样的结构化和可预测性对蒂姆的成功是至关重要的。他的父母接受了这个挑战，每周制订一个时间表跟蒂姆说明去学校接送他的日程安排。此外，他们和蒂姆一起决定：不管他是在爸爸家还是在妈妈家，每天下午三点半到四点半都为"家庭作业时间"。蒂姆的父母也提出了晚饭后的固定安排：20分钟做家务（比如每晚做一件家务），1小时看电视或玩电子游戏，睡前30分钟阅读。他们发现蒂姆的沮丧情绪和叛逆行为有了很大的改善。几周后，蒂姆在日常生活中变得更快了，上学很少迟到了，通常能准时开始做作业并按时完成作业，也能顺利地从父母一方的家里去到另一方家里而不再发脾气了。

改变您在家说话的方式

在我们的诊所，我们经常让加工速度缓慢的孩子的家长停下来想一想，他们在家是怎么跟孩子说话的。家长们经常会感到困惑，他们会问："'怎么跟孩子说话'是什么意思？"其实我们想知道的是：第一，家长的语速；第二，家长使用的语言的复杂程度；第三，家长的语调。

对一个加工速度缓慢的孩子来说，语速很快的爸爸/妈妈可能会给他带来很大的困扰，所以家长说话的速度是非常重要的。我们遇到过一些家长，他们说话几乎不断句，句子之间好像头和尾都连在一起。有时候，家长并没有意识到自己说话有多快，直到我们（温和地）指出来。因此，很多家长要做的第一步是减慢说话的速度，延长句子间的停顿，注意整体的语速。

家长也需要根据孩子回答问题的能力调整自己提出问题的速度。让我们来看一下以下这个真实的对话案例。这个对话发生于埃丽卡和18岁的儿子艾伦之间。

埃丽卡："这个周末你和马特一起去露营的东西都收拾好了吗？"
（问完三秒钟后，艾伦还没能思考和回答这个问题……）
埃丽卡："对了，马特去哪里上大学了？"
（又过了三秒，艾伦还没有来得及回答第一个问题……）
埃丽卡："那我看看你的书包，确保你把所有的东西都带上了。"
（艾伦还没能有时间思考自己是否都打包好了的时候，埃丽卡就转身去打开艾伦的书包并重新帮他收拾了。）

我们经常要求家长反思他们跟孩子使用的语言的复杂程度。跟孩子说话时，家长习惯于连问好几个问题、一下子给好几个指令、给模糊的命令、跑题，大家都会这样。这样的语言对大多数孩子来说没问题，但对加工速度缓慢的孩子来说是很难理解的复杂的语言，比如遵循多步骤的指令，或跟上家长跑题的思路。为了让家庭生活更顺畅，家长经常需要重新审视自己是如何给孩子指令，并向孩子表达想法的。

例如，凯拉的妈妈担心凯拉不能遵循指令的原因是叛逆。凯拉5岁的时候被诊断有"注意力和信息加工问题"。现在她8岁了，问题行为更多了。她除了总是"错过"信息，还似乎从不按照要求做事。

通过正式的评估，凯拉被确诊为ADHD和加工速度缓慢共病。

实际上，凯拉的加工速度处于第 3 百分位的位置，也就是说她比 97% 的 8 岁孩子都慢。考虑到凯拉有注意力和加工速度的双重问题，我们想帮助凯拉的妈妈找到合适的方法为凯拉的这些短板提供合理便利。我们给出的其中一个建议是，把家里的每项任务分解成更小的步骤，并且对每一步都给出清晰和明确的指令。以前凯拉的妈妈会命令凯拉说"准备好上舞蹈课"，然后很快因为凯拉没有做到而生气。现在凯拉的妈妈用了一个新的方式。她首先让凯拉把舞蹈鞋放到包里，然后让凯拉把紧身裤放到包里。等凯拉做完这些后，凯拉的妈妈让凯拉去厨房拿一个苹果，再让凯拉穿上外套和鞋子。最后，告诉凯拉上车。例如，对话是以下这样的。

妈妈："凯拉，我们要准备去上舞蹈课了。把衣柜里的舞蹈鞋拿来。"

（等凯拉找到舞蹈鞋后……）

妈妈："谢谢你把鞋拿来。这是你的书包。把鞋子放进书包里。"

（紧接着……）

妈妈："去拿你的紧身裤。裤子在洗衣房里，挂在烘干机旁边。"

（妈妈监督着凯拉去洗衣房，确保她不会在中途开小差，如果分心了就提醒她，紧接着……）

妈妈："非常好。现在去拿个零食。你看看苹果在冰箱的哪里，你可以拿一个苹果。"

（凯拉拿好零食后放进书包……）

妈妈："看起来我们准备好去上舞蹈课了。现在穿上你的外套和靴子。"

（最后……）

妈妈："哇！你自己一个人就准备好了。现在我们上车吧。"

把"准备好去上舞蹈课"这个多步骤且模糊的任务分成几个单独的步骤后，凯拉做准备的速度加快了，所有人的挫败感都减少了。这看起来工作量大吗？也许是的，但这比大吼大叫和上课迟到的后果好多了，挫败感也少多了。

和凯拉的妈妈一样，有加工速度缓慢的孩子的家长经常很崩溃。所以，家长常用的策略是吼孩子，让他们快一点，但是家长没有意识到他们的语调和传达信息的方式同样重要。当家长倍感压力、沟通方式很情绪化的时候，孩子也通常会变得焦虑，这会让他们更慢。因此，当您的孩子动作很慢或不听从指令的时候，保持冷静和深呼吸很重要。激动和严厉的语气只会让您的孩子更慢，还会让您感到内疚。

如何改变您在家说话的方式

您大喊："今天我已经跟你说了一千遍了，要打扫房间！今天我们有好多事情要做，我们一小时后要到奶奶家，但我跟你说的事情你一件都没有做！我放弃了！"

注意说话的速度、语言的复杂程度和语调，重新考虑一下您要传递的信息。慢下来，提的要求更明确一些，去掉情绪。您可以试试这样说。

- **第一步**　"朱莉，半小时后我们要出发去奶奶家。

我希望我们出发前你能打扫好房间。我来帮你开始吧。"

看看房间，决定做什么是最重要的，然后从哪里开始。如果您家里不允许地上有脏衣服，那您就可以这样说。

- **第二步** "把睡衣捡起来，放进洗衣篮。"

这一步完成后，您可以这样说。

- **第三步** "现在把床铺一下。"

您可能需要帮助孩子完成这项任务。实际上，观察您的孩子何时需要帮助也是个好方法。

- **第四步** "看着真不错。出门前我们把玩具放到箱子里，这样狗就不会咬坏玩具了。"

任务完成后给予奖励（如表扬、额外的玩电脑时间）。

▼▼▼▼▼▼▼▼▼▼▼▼▼▼▼▼▼▼▼▼▼▼▼▼▼▼▼▼▼▼▼▼▼▼▼▼▼▼▼

注意时间

大多数人觉得像时钟、日历、预约定时器、手表这样的东西是很有用的。但是，您可能会觉得惊讶，很多加工速度缓慢的孩子不觉得这些东西对他们有帮助，实际上，有些人还特别讨厌戴手表或用日历。他们对时间没有概念，尤其是对完成某事需要多久无法准确估计。您可能会认为这会使他们更倾向于钟表这样的计时工具，但是，根据我们的临床经验，并非如此。他们有时候会把时钟看作"敌人"，因为这是判定他们能力不足或失败的工具。因此，家长发现教孩子"注意时间"很难，因为孩子觉得日历和时钟是很"蠢"的。

正如我们之前说的，加工速度缓慢的孩子很难掌握时间概念。他们会在一个活动中"迷失"，而不知道时间已经过去了很久。伊恩是一个聪明且勤奋的学生，他一回到家就会开始做作业。但是，他做着做着就会沉迷于细节中而导致做作业速度慢，比如查一个不认识的单词、在网上搜索有关话题的额外信息。他经常没有意识到时间已经过去了好几个小时，睡觉时间都到了可他离完成作业还差得很远。

伊恩需要学习如何调整节奏和注意时间。他也需要对自己在不同的任务上花了多少时间更有意识。我们建议妈妈在他做作业时帮忙留意时间，提醒他几点了，时间过去了多久。妈妈每 15 分钟就提醒他一下，记下他当时在做什么，帮助他确定是否在做应该做的事情。慢慢地，伊恩开始自己监督自己（没有妈妈的帮助）。但是，在他学会这么做之前，需要有人向他展示这样做的好处。

其中一个关键是，您要帮助您的孩子制订合理的做作业和做家务的时间限制。如果预期目标是孩子每晚做 2 小时作业，那么您就要帮孩子遵守这个时间限制，即使他没法在这个时间内完成所有作业。孩子不应该由于节奏慢而受到惩罚。学校可能会同意减少作业量，尤其是低年级的孩子。您可能需要和老师沟通好，多少作业量是合适的（有关这个话题的更多内容将在第六章介绍）。做家务的时间也是如此。您应该确定每周花多少时间做家务是合理的，而不是确定做多少个任务。如果您希望孩子每周做 1 小时的家务，那么就遵守这个时间限制。您可以想几个合理的、1 小时内可以完成的家务，不要只是因为孩子需要更长时间就让他干更多活儿。

正如我们之前提到的，估计时间对加工速度缓慢的孩子来说是很难的。当被问及完成一项任务需要多久时，无论这个任务是完成数学作业、打扫地下室，还是去街角的店里买面包，加工速度缓慢的儿童和青少年都会严重低估所需时间，有时候他们会将所用时间估算得比平均时间少，或者乐观地认为"这一次"他们会比平均水平更快。他们很少考虑到完成一项任务可能需要花额外的时间。

此外，我们经常发现，这些孩子对于自己的能力过于乐观。他们会认为，因为"真的很努力"，所以这一次他们会比一般人快。其他人也常跟他们说："只要你更努力，你就会更快。"因此，他们乐观地认为，既然这次会更努力，就一定会不一样。

16岁的肯德尔在估计时间方面有很大的困难。她做所有事情都会迟到，比如去学校、参加曲棍球训练、和朋友在商场碰面……只要你想得到的事，她都会迟到。我们建议肯德尔和她父母做一个任务耗时表（timing of tasks，TTL）。首先，我们让肯德尔列出每周需要重复做的任务或活动；然后，在她父母的帮助下，记录每天每个活动所用的时间（比如，早上准备好上学要用47分钟，从家走路到学校要用15分钟）。一段时间之后，肯德尔和她的父母带着TTL回到我们的诊所。我们用这些信息帮她制订更现实的日程表。很多时候，肯德尔并不能意识到完成一项任务需要花费她多少时间。例如，刚开始她告诉我们早上准备好去上学她需要"不到半小时"，但是计时后发现，她需要的时间超过了45分钟。

行动（和图像）比文字更有力

加工速度缓慢孩子的家长总感觉孩子不好好听他们说话。因为这些孩子需要更长的时间"加工"您跟他们说的话，这导致了他们的反应时间更长，看起来像是没有听到您说的话。正如我们在第一章提到的，加工速度缓慢的孩子会因为过多的言语信息而不知所措，需要更长的时间回答问题，无法跟上对话的节奏，经常看起来好像没有在听别人讲话。提高加工速度的一个策略是，以多种渠道呈现信息，比如听觉渠道和视觉渠道。

对于有注意力问题、学习障碍或执行功能有困难的孩子，大多数老师会调动多种感官渠道进行教学，比如结合听觉和视觉教学。家长在家也可以用这个方法，但是要花一些功夫。家长在家可以采用的最有帮助的视觉辅助就是日历。家庭日历用来记录家庭成员一天的日程安排，有助于提高孩子在家的加工速度。这个日历可以让加工速度缓慢的孩子按照固定的日程安排，加快每天的步伐，这种可预测性和结构化可以让孩子知道接下来要做什么事情。这些都是我们在之前章节里提到的提高速度的重要工具。下文中有一个日历的样本。

图像对于年纪更小的加工速度缓慢的孩子尤其有帮助。幼儿受限于他们的语言能力，所以理解口头指令（只是跟他们说话）对加工速度缓慢的幼儿会有加倍的困难。用图片日程表，也就是用一系列图片（如图7）提醒他们一系列的任务，可能会更有用。

刷牙　　　　上厕所　　　　睡觉

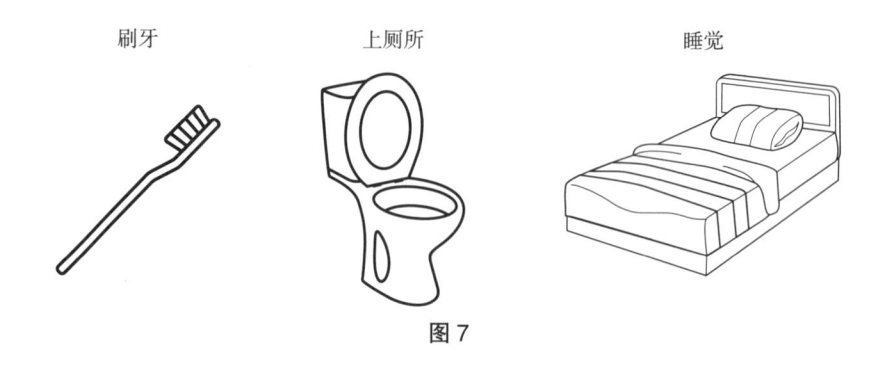

图 7

6 岁的男孩杰克有加工速度缓慢问题，还有注意力问题。他难以快速执行并记住如何完成简单的日常任务。比如，每天早上，他需要父母一直看着他，才能做好去上学的准备（上厕所、刷牙、穿上已经备好的衣服、梳头）。他的父母还要频繁地提醒他，因为他不仅比家里其他人拖拉，还容易走神。由于杰克总是需要额外的帮助，全家人都会迟到，他的父母觉得疲惫又沮丧。他们不明白杰克怎么连做最简单的任务也要花很久。

他们来到诊所以后，我们发现杰克确实需要帮助。但是口头提醒这个策略还不够，所以建议杰克的父母用一个图片日程表（见图 8）帮杰克记住重要的日常任务，例如早上起来准备上学，晚上准备睡觉。父母在家使用这些视觉辅助提醒杰克日常任务的步骤，最终帮他加快了速度。

第五章 家庭生活中的加工速度 | 99

图8

上午 / 刷牙 梳头 早饭 / 下午 / 做作业 / 把碗放进洗碗机 / 晚上 / 刷牙 洗澡 喂鱼

周一 周二 周三 周四 周五 周六 周日

在家为孩子发声

现在我们来到了三个 A 原则的第三个 A——发声。在后面的章节中，我们会讨论如何在其他场景中（比如在学校和朋友一起）帮孩子发声。在这里，我们重点关注如何在家中为您的孩子发声。是的，即使在自己舒适的家里，加工速度缓慢的孩子也经常需要父母为他们发声，因为其他家庭成员会说他们"懒惰""动力不足"或"不聪明"。

有时候，父母双方对于孩子的困难也没有统一的看法。可能一个人觉得孩子就是懒，另一个人认为孩子是有神经心理方面的不足。父母之间需要互相帮助，才能理解孩子加工速度缓慢的真正原因，以及它所带来的后果，从而接受这个现实。父母双方最好对于孩子加工速度缓慢的本质有相似的理解。研究告诉我们：当父母在基本的育儿问题上存在分歧时，这些意见分歧会导致父母不一致的育儿方式，并使双方产生困惑，孩子会出现行为问题。

父母可能也需要跟家里的其他孩子解释这个加工速度缓慢的孩子的特质。这个孩子也许会因为和兄弟姐妹不一样而成为被嘲讽的对象。家长可以通过帮助兄弟姐妹理解每个人的学习方式不同、做事速度不同解决这个问题。我们发现，家长们喜欢用类比来解释，比如把大脑比作计算机处理器。速度慢并不意味着计算机坏了，而是计算机需要更长的时间显示一个网页、下载一首歌或者搜索到目标信息。家长向孩子们解释每个人都有强项和短板也很有帮助。比如，虽然杰克早上需要更长的时间做好上学的准备，但在足球场上，他是最强的队员，比家里的任何一个人都要强。

父母还可能会被其他家庭成员、朋友、邻居问及孩子的加工速度情况。为什么他要花这么长时间才能把事情做好？为什么他做家庭作业如此的慢？他让每个人都慢下来了，难道就不能快点吗？这些情景可能会令您感到不适，因为您不想总是跟别人解释孩子的大脑功能。

有些家长偏向直接回答。他们会解释孩子已经做过测验，测验结果是什么，以及加工速度缓慢是孩子的主要问题之一。而有些家长偏向更简单地说："杰奎琳很聪明，但她做事情需要很久，这只是因为她大脑的连接方式独特而已。"这样简短的解释通常就足够了。作为孩子的发声者，您可能需要提醒他人：您的孩子并不是故意慢的；她并不是懒或者笨，也不是有行为问题；她只是比同龄人慢一拍，只要我们给予合适的辅助，她能和同龄人做得一样好。

第六章

课堂里的加工速度

在家应对加工速度缓慢问题对您的孩子也许很难,但对有些孩子来说,在学校里更难:课堂教学都是有一定节奏的,拖拉就会被落下。想象一下典型的美国公立学校的课堂:1位老师,资金不足的教室里有25~30个学生,其中许多人都有独特的学习方式。一个加工速度缓慢的孩子可以适应这样的课堂吗?其实,这非常取决于老师。实际上,您可能早就发现,孩子在有些学年的表现比其他时候好很多,因为在那些学年时的老师似乎"懂"孩子,因此孩子也更适应。那么,为什么有时候的表现就没有那么好呢?正如家长一样,大多数普通教育的老师从未接受过任何培训帮他们做好教加工速度缓慢的孩子的准备,甚至特殊教育的老师也没有受过很多这方面的训练。那么,家长该怎么办呢?

在本章,我们会尝试给您一些方向。首先,我们会带您了解孩子在课堂里的典型表现。他是焦虑还是过于放松,抑或是很迷茫?他是通过匆忙完成任务掩盖自己的慢速度,还是从来没有完成过任何任务?接下来,我们会介绍适合这些孩子的理想的学习环境。最后,我们会介绍已经被证实有效的具体的策略,这些策略适用于所有的学习环境。学校和老师别无选择，只能思考如何更好地教育这些加工速度缓慢的孩子。我们生活在包容、融合的时代，这是好事，但这也需要老师对很多有特殊需求的孩子负责。遗憾的是，（在我们的经验里）那些加工速度缓慢但没有行为问题的孩子通常很迷茫或其学业成就远落在同伴后面，而那些表现出严重破坏行为问题的孩子有时候会遭受到不公平的对待。

加工速度缓慢问题在学校有什么影响？

乔伊、凯西和丹尼都被诊断为加工速度缓慢，但是他们在课堂上的行为表现却很不一样。乔伊做什么事情都慢。8岁的时候，他的阅读能力不错，但是记不住数学知识。他能够做加法、减法、乘法，但是当老师让他们做"一分钟数学"计时练习时，他比班上其他人完成的都少。他的字迹潦草，也抗拒写字，所以老师允许他在电脑上做写作作业。他的储物柜和课桌非常乱，堆满了没有上交的作业纸、午餐残渣、不成双的手套。他经常看起来好像没有在听课或者完全迷失在白日梦中。有时候他会沉迷于抠手臂上的痂或者看树上的松鼠。当老师给出指令，其他孩子拿出课本翻到了正确的页码，而乔伊却坐在那儿抠手臂上的痂。大部分时候老师都会忽略乔伊，老师不是故意忽略的，而是这样做乔伊不会引起麻烦。一年又一年，乔伊在学校里的进步还可以，但是从未达到大家期望他达到的水平。高中时，他的外号是"放松先生"，因为没有事情可以让他烦心。完全没有任何事情！不管是迟交作业还是上课迟到的惩罚，没有什么事情能够让他着急起来按时做事或者好好做事。

凯西的神经心理状况和乔伊类似，但是他的表现完全不同。缓慢的加工速度使他对所有事情都很焦虑。就像乔伊，凯西也常做白日梦，这会让他错过老师说的话或者不知道自己该干什么。但和乔伊不同的是，凯西不"放松"，而且很焦虑。有时候他表面上看起来像乔伊，也是静静地坐在教室后面，但内心却是一团乱麻。他会胃痛，执着于他应该做什么，有时候还会哭。凯西容易过度在意细节，很难分清主次。他很容易因为小事或者不重要的事情而过于情绪化，甚至完全错过任务的重点。在家里，他经常因为无法按时完成作业而崩溃。他会冲父母尖叫"我恨你""如果你让我做这个作业我就自杀"这样的话，这让父母怀疑他是不是有潜在的情绪问题。由于焦虑和加工速度缓慢的组合，他在遇到稍微有些挑战的任务时就很容易崩溃。可想而知，这让他更慢了。然而，在暑假，当凯西没有学业任务也不用担心自己的表现时，他很少情绪化。

丹尼与乔伊和凯西都不同。尽管丹尼也有显著的加工速度缓慢问题，但是他并不会焦虑或放松，而是看起来总是很迷茫。早上他是家里最后一个出门的，下午他是最后一个出教室的。虽然丹尼的智商高，但是很少有人觉得他"聪明"。他很少主动发起对话，不是因为他没有重要的事情可说，而是等他想好要说什么时对话早已经结束了。他的阅读能力不错，但是当他要写自己读了什么时，他完全不知道该从何开始。他无法（或按照老师的怀疑，他是不愿意）写一个字。当一张空白的纸摆在他面前时，他完全被难住了，无法继续。丹尼可以阅读课堂材料，看起来也在听课，但是一到课堂讨论时,他就词穷了。

我们发现,我们见过的加工速度缓慢的孩子大多数都与丹尼、乔伊和凯西的一种或多种情况相似。

- 放松的孩子。这类孩子倾向于扮演"拖拉的那个人"这样的角色,甚至他们会错误地把这当作一种荣耀。他们知道自己无法像同龄人一样很快地背诵乘法表,所以他们表现出满不在乎的样子。他们会说类似于"那些按时做事的人都是菜鸟"这样的话。他们可能会嘲笑赢了拼写比赛或考试第一个交卷的孩子。当遇到一个理解这类孩子的老师时(有时候老师真的喜欢他们),他们在那一学年就会学得很好。但是如果那一学年的老师注重速度,觉得"放松"是另一种懒惰,那么他们就会有糟糕的一学年。虽然在一定程度上接受自己的缺点是好事,但对于这类孩子来说并不见得。
- 焦虑的孩子。就像凯西,这类孩子总是容易很紧张。他们的加工速度缺陷问题会引发焦虑,而焦虑又会进一步减缓他们的加工速度。在家时(有时候在学校),他们表现出焦虑,遇到觉得自己做不了的事情时就会崩溃。如果老师既理解他们的焦虑也不注重速度,那么他们就会表现得很好。但是如果老师既重视速度又要求完美,就不适合这类孩子。
- 迷茫的孩子。就像丹尼一样,这些孩子总是在错误的时间出现在错误的地点。在高中,他们会走错教室。在小学,他们会在从厕所回教室的路上"走丢"。这类孩子既不焦虑也不"放松",更容易让人觉得他们对周围的环境毫无意识。通常人们会错误地以为他们只是不那么聪明。对这类孩子来说，最好的老师是有时间"在乱石中发现钻石"的老师。一个工作忙得不可开交的老师能让这类孩子平淡无奇地度过这一学年，却也会让他们错失发挥潜力的机会。

您在自己孩子的身上发现这些特征了吗？这些并非一定之规，不一定和您的孩子完全吻合，但是您可能会注意到一些共性。孩子在不同年龄阶段的表现也会不同。例如，一个"放松"的孩子可能会在进入高中后变得焦虑，因为知道他再也无法伪装了；一个在小学阶段"迷茫"的孩子可能会变得"放松"，因为他更希望别人觉得他是"放松"的，而不是"慢"或"笨"。

到目前为止，我们只是简要地提到了对于这类孩子来说理想的学习环境。在本章的最后，我们会给您一个清单帮您考虑如何给孩子找到合适的老师。总的来说，关于如何找到合适的环境，有一些基本的要点。

私立学校更好还是公立学校更好？

看情况。公立学校的环境是完全能够满足加工速度缓慢的孩子的需求的。实际上，美国的法律规定公立学校必须要满足孩子的需求。但更重要的是学校对于不同学习方式的理念。大多数（并不是全部）的私立学校有班级小的优势。这往往对加工速度缓慢的孩子有帮助（实际上对大多数孩子都有帮助），因为他们需要加工的信息少，老师也有更多的时间进行个性化教学。我们建议家长去走访不同的学校，用下文中提到的要点考察学校环境。

▼▼

加工速度缓慢孩子的理想学习环境：老师

理想情况下，所有的孩子都应该有一个完全适合他们的学习环境。虽然我们见过的家长都觉得应该如此（或有可能如此），但实际上这是不可能的。不过，您还是应该知道理想的学习环境是什么样的。我们经常告诉家长，有悟性的老师不需要我们的建议，因为他们已经在做我们要建议的了。您也许已经让孩子在最好的学区最好的学校里上学，学校里有着最好的设施，但是如果孩子和老师不适配，这些硬件就都毫无意义。相反，一个有悟性的老师不管在什么环境中、有什么困难，都可以让学习这件事变得有意思。那么，对于加工速度缓慢的孩子来说，有悟性的老师是什么样的呢？我们发现有些特质尤其重要。

同理心

好老师往往是有同理心的。对于加工速度缓慢的孩子来说，老师可以体谅他们的困难非常重要。要做到这一点，老师必须愿意了解每个孩子独特的困难。寻求一个正式的评估可能是很好的第一步，因为即使是最有同理心的老师也很难共情自己不理解的事物。学生的测验数据（在第九章中有具体例子）可以让老师清楚地知道这个学生的问题是什么，帮助老师为其开展干预和提供合理便利。

灵活变通

加工速度缓慢的孩子往往跟灵活变通型的老师相处得更好。过于恪守规则的老师可能擅长鼓励某类学生，但是容易让加工速度缓慢的学生紧张。（再次强调，不管个性如何，好老师，即使是严苛的老师，也适合这类学生。）灵活变通型的老师更会在学生需要的时候改变节奏。也就是说，当课堂教学没有按计划进行，或者不同学生的学习进度明显不同时，灵活变通型的老师有能力改变课堂内容的呈现方式或教学的节奏。他们的教学方式是根据班上学生的需求而变化的。他们也不会期待一个快速的解决方案，因为他们知道这些问题不是在一天或在一年内就可以解决的。事实上，他们也许觉得这些不是"问题"，因为这类老师会更欣赏不同的学习方式。他们知道，尽管看上去孩子是故意动作慢，但事实并非如此。

对作业量考虑周到

关于作业量，最适合加工速度缓慢孩子的老师倾向于下面的做法。

- 减少无意义的作业。
- 愿意调整作业，"配合"每一个学生的节奏。
- 平衡所有学生的共同需求和个别学生的独特需求。
- 在课堂上乐于使用科技手段，因为这会使教学调整更容易。
- 有组织、有条理，也有灵活度。

这类老师明白，每个人学习的节奏不同。他们也愿意实践他们所认同的，通过调整作业量让所有的孩子都接受适当的挑战。过于有组织、有条理的老师可能会让加工速度缓慢的孩子很抓狂，因为他们的慢速度会影响老师精心安排的计划。相反的，过于灵活的老师往往会忽略这类孩子还是需要一些规章制度的。最完美的老师是有组织、有条理，也有灵活度的。

"我是一个老师，你们能给我一些建议吗？"与其说建议，我们更倾向于给您提一些重要的问题，请您思考。正如我们之前提到的，每个加工速度缓慢的孩子的表现可能会非常不同。因此，您需要考虑一些对这些孩子来说在教与学的过程中重要的因素。您可以问自己以下这些问题。

- "我是否在创造一个能够让每个孩子的学习方式都得到重视的学习环境？"
- "我创造的环境是否能让孩子集中注意力，从而帮他们达到可以表现出的最快速度？"
- "学生们是否有足够多的机会练习技能（以帮助他们完成任务更顺利），同时也将繁重却无意义的任务（会减慢速度的任务）最大限度地减少？"
- "学生们是否有机会练习技能直到他们熟练运用为止？"
- "新的技能和知识的呈现速度和信息量是否能让学生

有足够的时间学习？呈现方式是否能在给予学生足够信息的同时也不超负荷？"
- "我是否帮助学生思考了已知的技能和话题，并且给他们足够的机会在这些已知信息的基础上有效地学习未知信息，以此加快他们的加工速度？"

学校特征

读了前面这一部分，您可能会觉得孩子的成功全靠老师。当然，学校也扮演着非常重要的角色。什么样的学校可以让这类孩子更成功呢？

家校协作

学校必须为家校协作提供一个开放的环境。实际上，学校应该愿意在很多层面上进行协作，不仅是和家长，还要和孩子团队里的任何成员，比如作业治疗师、心理咨询师、神经心理学家。

关注个体差异

学校需要积极地看待个体差异，认可不同的学习方式，注重学生的社交情绪需求，而不是只看重他们的学业需求。这样的学校会推崇友善意识，包容差异。是的，几乎每所学校都说自己重视差异，但学校必须通过实际行动证明他们会看到学生的强项，同时也理解学生的障碍并为他们赋能。

干净整洁的环境

加工速度缓慢的孩子更适合在一个视觉上整洁干净的环境中学习。这是不是意味着他们不能在一个墙上贴满了有意思的材料的教室和学校里学习了呢？并非如此。但是，他们在一个没有太多内容需要加工的环境里，容易表现得更好。

课间休息

这类孩子也需要休息的时间。一个学校如果能够提供多次课间休息，就可以更好地帮助这类孩子补充精力和保持注意力。

灵活的学生分组

当把学生灵活分组，或者至少是经过仔细考量才进行分组的时候，这类学生的表现会很好。换句话说，当一个组里有不同"速度"的学生时，他们会给项目带来各自的贡献，加工速度缓慢的孩子的表现会更好。

"**具体的学习环境有讲究吗？比如是蒙特梭利更好还是华德福更好？**"学习环境有很多种，任何一种都有可能适合您的孩子。蒙特梭利和华德福是两种比较受欢迎的私立学校的学习模式，它们对加工速度缓慢的孩子来说各有利弊。对于速度刚好的孩子来说，蒙特梭利是非常好的，

因为它是自驱型的课程设置。对于速度慢的孩子来说,缓慢的课堂节奏很合适。但是对有注意力问题和组织能力问题的孩子来说,这样的环境很有挑战性,因为相对缺乏结构化和组织化。华德福的课程设置不那么重视单个学习者的节奏,但是它非常重视主动学习和学习的深度(而不是速度),还有运动和休息。这两种学习环境都可行,但完全取决于孩子。最好的方法是咨询学校的老师。如果您知道孩子的学习方式,就跟学校坦诚沟通,让他们帮忙做出决定。

具体的策略和便利措施

适合加工速度缓慢的孩子的具体的教育策略是无穷无尽的,一部分原因是并没有"一刀切"的适合每个孩子的策略。加工速度缓慢和读写障碍不同。对于读写障碍的孩子,我们可以推荐已知的有效的干预方法。而对于加工速度缓慢的孩子,找到合适的策略是一个试错的过程,我们要尝试很多适合各种执行功能障碍的孩子的策略。话虽如此,我们还是找到了一些对这些孩子尤其有效的因素,接下来逐个详细讲解。

在学校为加工速度缓慢的学生提供合理便利的实用策略

- 为孩子争取足够的，通常是超出正常时限的时间。
    - 这可能意味着考试、标准化测验、家庭作业都需要更多的时间。
    - 这不意味着让孩子拖延。
    - 随着孩子长大，教孩子为自己争取额外的时间。
- 教孩子学会时间管理。
    - 教会孩子看表。
    - 确保孩子多加练习，练习如何在学校里找到正确的地方，如何按时完成作业，直到烂熟于心。
- 在家多备一套课本。
- 利用科技手段帮助孩子节约时间。
    - 如果可以，确保孩子在电脑上做作业，减少手写的时间。
    - 让孩子在家用邮件或通过学校系统跟老师沟通。
    - 如果孩子需要跟各位老师逐个单独沟通，避免使用电脑沟通。[①]
- 在孩子开始做作业前让孩子看一份范本使其更有概念。
- 确保作业是清晰不杂乱的。
    - 有明确的开始和结束。

---

① 编注：这里指孩子可能需要在不同的网站/平台上与不同的老师沟通的情况。

- 不多余。
- 简洁，视觉信息不杂乱。
- 避免同时做好几件事。
- 询问在课堂上做笔记的替代方法。

▼▼

充足的时间和时间管理

老师在课堂上采用的最明显也最重要的策略是，留出足够的时间让孩子完成任务。即使您的孩子有一个好的计划（尤其是这个计划不够好的时候），老师在课堂上也经常无法提供足够的时间让他完成计划。不管是一个项目、考试，还是像美国高中毕业生学术能力水平考试（Scholastic Assessment Test, SAT）、美国大学入学考试（American College Test, ACT）这样的标准化考试，给孩子更多的时间是关键。但是有时候提供额外的时间是办不到的，在这样的情况下，孩子需要有应对的策略，比如保持冷静、寻求帮助、为自己发声。

当孩子进入青春期，他们开始能够用言语表达自己的困难，比如："有时候我需要更长的时间才能想出答案。给我一点时间想一想，我会答复您的。"但是，额外的时间不应该成为拖延的代名词，因为有时候孩子会用额外的时间拖延一项任务或者逃避压力。他们需要学会分清"用额外的时间把事情做好"和"不过分地使用额外时间"之间的区别。

除了给予额外的时间，我们还要教孩子管理时间，因为这些孩子不仅加工速度更慢，还容易有以下这些情况。

- 即使被给予充足的时间还是迟交作业，因为他们还没有学会时间管理。
- 任何时间限制（即使是合理的）都会给其带来压力，容易产生焦虑。
- 错误地估计时间，比如，不知道做一件事情需要多久，其他人需要多久，他们自己需要多久，以及还剩多少时间。

考虑到以上这些情况，很显然的是，加工速度缓慢的孩子需要学习识别时间。这似乎不言而喻，但是我们发现，这类孩子经常有其他困难（如学习障碍、ADHD），这些困难使他们很难学会识别时间。因此，他们需要针对这方面进行学习，因为他们一般不会自己掌握时间概念。这不仅是针对一天里的时间，比如几点，还有一年里的时间，比如几月几号。他们很难掌握时间概念，不知道八月份距离圣诞节有多远。他们用时钟或者有指针的手表学习会更好，因为可以"看到"时间的移动。同样的，我们在教室里放一本日历并经常使用这本日历，也能帮助他们感受到时间的流逝。

加工速度缓慢的孩子总是容易上课迟到。有时候是因为他们"迷茫""放松"，或者不知道自己在哪儿，但很多时候是因为他们对从一个地方到另一个地方需要多久没有概念。他们不知道打开自己的储物柜、整理好书包，再去到学校另一边的历史课教室这一系列动作需要多久。当他们迟到时，老师自然就认为他们想逃避或者不在乎这堂课，但可能完全不是这样。事实上，这个孩子可能完全没有想到自己会迟到五分钟。

如果我们没有清晰明确地指出问题在哪儿（时间管理），如何改善（打开储物柜和准时到教室的策略），那么这类行为就不太可能得到改善。我们不仅需要解决孩子准时到教室的实际问题（可能是一系列的事情），还要有如何改善的具体计划。要想问题得到改善，最重要的是，孩子需要很多次的练习。这类孩子最大的问题是，他们通常没有足够多的机会将一项技能学到烂熟于心。例如，有人会给他们一个日程表，示范了一次怎么把一周的作业记在上面，或者示范了一次怎么快速到达教室，而没有带着他们一遍又一遍地演习这些技能。他们需要反复练习，他们的问题才有可能得到改善。关于使用日程表，这意味着孩子在学会使用之前需要好几个月，甚至是好几年，每天都要有人查看几次他们的日程表使用情况。关于准时上课，这意味着有人要持续观察孩子一个月，直到孩子能自己准时从一个地方到另一个地方。另外，当日程安排发生改变时，您不能认为这类孩子会自动把这些技能应用到新的日程安排里。要做好准备，您需要支持这类孩子好几年，同时也要坚信，随着时间会看到成效的。

除了时间管理策略，这里还有更多如下具体的策略。

在家多备一套课本

对这些孩子来说，不用把书在家和学校之间背来背去（从储物柜和书包中拿进拿出）可以节约很多时间。如果可以，他们应该在学校有一套课本，在家再备一套课本，直到这学年结束。

使用科技手段

一般来说，科技手段可以帮这类孩子节约时间，尤其是减少手写作业的时间，以及更方便地把作业从家里带到学校。在电脑上做作业一般都比手写快。科技手段也能够帮助孩子和老师沟通。有时候这些孩子直到课后才意识到自己落后了。课后他们才有时间思考自己需要什么，他们更倾向于课后和老师通过电子邮件沟通，而不是在课上问完所有问题。

这里要注意的是孩子可能需要在不同的网站上与不同的老师沟通。学校的所有老师都利用同一个网站并布置作业，要比每个老师都有自己的网站对这些孩子更有利。一个十年级学生晚上 9 点尝试查看 6 个老师的不同网站是很崩溃的。在这种情况下，应用科技手段就是浪费时间，而不是节约时间了。

作业范本

加工速度缓慢的孩子如果在开始做作业前能够知道最终成果应该是什么样的，那他会非常受益。因为这类学生容易迷失，所以在刚开始时就向他们展示大局是很有帮助的。更有帮助的是，让他们估计完成作业各个部分所需要的时间。

明确的作业起点和终点

对加工速度缓慢的孩子来说，让他们知道作业从哪里开始、到什么时候结束，是很有帮助的。例如，对年幼的孩子来说，设定做家庭作业的时间限制（比如每晚半个小时）可能会很有帮助。对大一些的孩子来说，把阅读作业拆分成几部分要比模糊的作业要求更有帮助（比如，明确地说"下周三前读完一到三章"，而不是"下周三前开始读书"）。

既不多余也不杂乱的家庭作业

作业练习纸不应该在视觉上过于眼花缭乱。加工速度缓慢的孩子一旦学会了，就不需要浪费宝贵的时间一遍遍重复做同样的练习。类似的，一张纸上有太多的信息或太多的问题可能会看起来难以应付，这会让他们不知所措而崩溃。

减少同时做好几件事的必要

同时做多件事可能会让人不知所措，也会减慢整个进程。对年长的学生来说，一心多用的最常见的例子是一边听课一边记笔记。所以，我们建议，通过提前拿到笔记和提纲，或者课上录音、课后听录音的方法帮助这类学生记笔记。

"家长可以做什么帮助老师？"

在本章，我们讨论的都是老师和学校可以为这些孩子做什么。但是，家长也起着关键作用。我们给家长的最重要的建议是，您也是孩子教育团队的一份子，应该尽最大的努力和老师、学校协作，尽量不要成为老师和学校的对抗者。当您处于对抗者的角色（遗憾的是很多家长会担任这个角色），比较好的方法之一是从对抗者变成协作者来获取更多信息。您可以让孩子接受学校评估或者校外独立的评估。您要增进对学校课程的了解，判断这个学校是否适合孩子。您要留意您对学校和老师的看法和态度。如果您的态度是消极的,那么这会影响到孩子的态度、老师的态度,还有学校工作人员的态度。

课堂上加工速度的三个 A

还记得接纳、提供合理便利、发声,这三个 A 吗?它们在学校里同样重要。

接纳

实现接纳的第一步是通过学校或校外的专业人员为孩子做一个全面的评估。如果没有一个能说明问题的全面的评估,老师就很难接受您的孩子有问题。测验的数据非常重要,它可以帮助老师理解孩子的根本问题,并提供合理的便利。

不过,并不是只有老师需要"接受",家长也需要。您可能更容易接受孩子在家慢,但是不能忍受孩子在学业上慢。您也许可以接受女儿是家里最后一个决定早饭吃什么麦片的人,但不能忍受她花了两个小时还不能用每周学的单词写 10 个句子。

没法完成作业或需要很久才能完成作业,可能是家长最难接受的。这些也可能是在学年中让您的生活一团糟的原因。您要接纳有些事情对孩子来说就是很难的这个事实,并且每天(有时候是每时每刻)都要记住这一点是关键。然而,这并不是您对孩子放任不管的借口,而是接纳孩子需要帮助的第一步,不管这个帮助是我们前面建议的那些，还是找一个家教辅导他的作业，或是在家庭生活日程中给他安排更多的作业时间。如果您能接纳作业问题不是大吼大叫或者一厢情愿就能解决的，那么就能接纳这是有解决方案的，也许就会愿意尝试一些解决方案。

▼▼

"我已经接纳了孩子需要课外辅导的事实，但是他不接受。我怎么办？"如果您已经接纳了这个事实，您就已经成功了一半，所以不要放弃希望。有学习障碍的孩子拒绝课外辅导很常见。这可能有几个原因。第一，很多时候，这类孩子之前接受过辅导或干预，但是没有效果，或者他们很努力却不见成效。所以，他们不愿意再次尝试。第二，需要课外辅导或更多的作业支持使他们不得不面对自己有障碍的事实。而当这个障碍是"加工速度问题"这种没有人知道到底该怎么办的问题的时候，是很难接受的。

跟孩子分享您在本书中学到的知识可以是您帮助他们接受自己障碍的一个方法。您可以让学校心理学家或者做评估的专业人士跟孩子分享加工速度缺陷这个评估结果意味着什么。此外，找到合适的课外辅导家教也很重要。那您怎么知道这个家教是合适的呢？您的孩子要愿意和这个家教见面。一个好的家教会让孩子觉得生活更容易。这也许需要一些时间，但是如果几个月还没有见到成效，孩子也不喜欢这个家教，那您很可能就要换一个新的家教。所以，我们的建议是：确保您和孩子都接受课外辅导有效这个事实。让孩子参与到选择合适的家教的过程中。告诉孩子，即使这个家教对你没有帮助，我们也会帮你找到更合适的家教。

提供合理便利

本章的大部分内容都是关于给孩子在学校提供合理便利的建议。额外的时间对每个加工速度缓慢的孩子几乎都是关键，但其他合理便利也可能是必要的。您可以和学校，还有孩子的老师一起制订一个计划——正式的计划（如IEP）或者不那么正式的计划。

发声

为孩子发声是您作为家长最重要的作用之一。您可能需要帮助老师理解孩子的障碍，也可能需要跟学校抗争为孩子争取得到合适的服务。有些家长喜欢成为这样的角色，也有些家长觉得这远超出了他们的舒适区。在小学阶段，为孩子发声是家长最重要的角色，尤其是当老师或学校对加工速度缓慢问题缺乏理解的情况下。如果您发现为孩子发声非常难，那么我们建议您将学校视为合作伙伴。牢记您的最终目的是使孩子的利益最大化。我们发现，有时家长会与学校发生权力斗争，虽然有时这是正确的方法，但大多数时候并不是。

好的发声者不会一开始就斗争，而是把这作为最后一个选项。我们的建议也是如此，因为有一天您的孩子会需要为自己发声。她会成为一个高中生或者大学生，通过观察您曾经是怎么做的学习如何发声。如果她看到您总是跟老师斗争，那么可能会在大学里为了教授本就愿意给的合理便利而跟教授产生不必要的争执。相反的，如果她从未见到您为她发声，可能会成为一个从不为自己争取合理便利的大学生。

在学校里面对一个加工速度缓慢的孩子对所有人来说都是挑战，对老师、家长、其他学生都是。但是，我们希望您和孩子可以使用本章提到的策略，通过与学校的协作，专注于学校环境可提供的有利于孩子成长的机会。孩子在学校的表现会为他将来应对生活中的挑战打下基础。接受并应对挑战是很难的，但仍然是可以做到的。利用学校里的资源，尽一切努力找到最合适的学习环境，别忘了作业并不是一切。

第七章

加工速度和社交关系

纳森的父母很担忧。五年级快要结束了，纳森还没有被邀请去过一次同学的生日聚会。现在六月份了，下周就是学年末的聚会，纳森不愿意参加。一整年来他都感觉自己被排斥在外，也很困惑为什么会这样。他的父母也是这种感觉，所以他们决定和纳森的老师布赖森谈谈，希望她能解答纳森处于班级社交边缘的原因。布赖森老师听到纳森从未被邀请去过聚会很惊讶，因为看起来他的同伴是喜欢纳森的。布赖森老师说："可以肯定的是，同学们肯定不讨厌他。"不过，布赖森老师也说，纳森在课上经常看着像在"梦境中"，这就导致了他对笑话和讽刺的反应都慢一拍。布赖森老师没有意识到这可能就是没有人邀请纳森一起玩的原因。毕竟，虽然纳森有阅读障碍，他的加工速度也很慢，但是他并没有真正的社交困难。那么，为什么从来没有人邀请他去参加聚会呢？

虽然我们通常不认为加工速度是社交关系中重要的一部分，但是纳森的故事告诉我们，加工速度在社交关系中发挥着多种作用，有些作用比较含蓄或隐藏在深处。实际上，加工速度和社交技能之间有很大的关联。产生这个关联的一部分原因是，很多加工速度缓慢的孩子也有如 ADHD 和孤独症谱系障碍等障碍，而社交问题在这些障碍中很常见。然而，我们的研究显示，这并不是全部的原因。

不管孩子的诊断是什么，加工速度缓慢的孩子都更容易有社交缺陷。孩子在早期发展阶段更容易有社交和语言发育迟缓的问题。例如，在我们诊所将近 600 个儿童的样本中，我们发现超过三分之一的加工速度缓慢的孩子在 5 岁前经历过社交困难（如与其他孩子一起玩耍有困难，进行互动活动有困难）。我们也发现，这些孩子中将近一半的孩子在早期发展阶段有一些沟通困难（如开始说话晚）。加工速度缓慢和语言发育迟缓这样的组合是非常容易导致孩子社交困难的。

很多加工速度缓慢的孩子不仅会在早期发展阶段有社交迟缓问题，还会在整个发育过程中持续有社交技能方面的问题。在我们的样本中，52% 的孩子的父母报告说孩子目前有社交困难。父母最常反映的问题是社交沟通困难（如简单的一来一回的对话：51%）、社交意识困难（如识别同伴的社交线索：54%）和社交认知困难（如和同伴"同频"：50%）。老师在学校环境中也常看到类似的问题。我们的样本中，有 50% 的学生在学校里有社交问题。这些问题包括：很难适时赞扬别人，很难快速识别同伴的社交线索，不愿意参加小组活动。

样本中的孩子的社交困难通常是从轻度到中度，也就是说他们的社交困难可能只在某些场景中比较显著（如快节奏的社交活动中），老师和家长通常的帮助也会比较有效（比如家长帮忙约朋友一起玩）。样本中的孩子只有很小的一部分（7%）有严重的社交问题,比如完全不想和别人一起玩或没有亲近的朋友。这小部分有严重社交问题的孩子经常有远不止加工速度缓慢的问题,比如发育迟缓(如孤独症)或精神问题(如严重的抑郁)。

我们应该指出,并不是所有加工速度慢的孩子在社交技能方面都存在问题,而且他们的问题有很大的个体差异。下文中的清单列出了加工速度缓慢问题影响社交关系的几种方式。并不是加工速度缓慢的孩子的社交能力弱,而是他们缓慢的加工速度导致了日常生活中的各种问题,从而使社交变得更难。

例如,雅各布是一个非常有同理心的孩子。如果他有足够的时间思考,他也可以很熟练地识别社交线索。他理解社交关系的概念,但是他经常因为对别人的问题或者提议反应不够快而错过社交机会。他的老师称他为"在外围"的孩子,因为他加入同伴们的课间游戏前经常在操场外围绕圈。遗憾的是,等他决定好要参加什么游戏时,游戏已经开始了,而其他孩子通常不想因为他而临时改变组队。也就是说,并不是其他人不喜欢雅各布或者不想跟他玩,只是他加入游戏太晚了。有时候雅各布需要很久才能决定课间休息时做什么,但可能他还没有想好,课间休息就已经结束了。

类似的,塞思的父母也很担心,因为塞思抱怨说课间没有人跟他玩。塞思的父母请老师留意观察一下塞思在课间操场上的表现。老师解释说,课间休息只有 10~15 分钟。前 5 分钟,塞思在拉拉链、系鞋带,因为他一整天都没有时间拉拉链和系鞋带(是的,他需要很长时间系鞋带)。接下来的 5 分钟,他会慢慢地观察别人都在做什么。等到课间休息只剩 2 分钟的时候,其他人都要准备回教室了,他才问踢足球的同学是否可以加入他们。这时候大多数同学都不理他，因为他们专注于在课间休息结束前踢完比赛。他的一个朋友说："你怎么不早点来呢？我们之前还需要一个人。"

缓慢的加工速度如何影响孩子们之间的友谊？

缓慢的加工速度会在很多方面影响社交关系，尤其是友谊。常见的问题如下。

- 加工速度缓慢的孩子通常需要更多的时间识别社交线索，所以会错过社交的重点。
- 他们的互动可能显得生硬或尴尬，因为需要很长时间才能做出回应。
- 在玩"过家家"或游戏中，他们跟不上同伴的节奏，导致同伴对他们感到失望。
- 他们在讲述故事或事情时杂乱无章，导致同伴对他们所说的内容失去兴趣。
- 他们的时间管理不佳（如总是迟到），导致同伴生气，这通常会影响他们之间积极的关系。
- 他们对笑话和讽刺的反应总是慢个几秒，导致同伴觉得他们"另类"。
- 缓慢的加工速度使小组合作或者小组作业进行起来更困难。

当孩子进入青春期，社交关系的节奏就更快了。孩子们会在短时间内相互交换信息。在高中，社交计划往往在课间三四分钟就商量好了。如果您的孩子要花很长时间打开储物柜、拿出正确的课本、穿过走廊到教室，那么他可能就错过了被别人邀请去参加聚会的机会，或者错过了和朋友们一起约着去看电影的机会。也就是说，并不是他的朋友们不想让他加入，而是制订计划的时候他不在场，而他们（像大多数青少年一样）也不会去想应该要邀请哪些人。家长听到这样的故事时可能就会认为他们的孩子有社交问题。当然，有的时候，如果孩子有发育障碍，那他可能确实是有社交问题，但大多数时候，这都是加工速度缓慢问题造成的结果。

当然，家长们想帮他们的孩子学会如何更好地处理社交关系。在这样的情况下，家长可以怎么做呢？首先，如果孩子有如孤独症这样的发育障碍，而不仅仅是有加工速度缓慢问题，那么您就应该运用所有针对孩子潜在问题的干预方法，比如社交技能培训、应用行为分析或人际关系发展干预疗法。其次，无论加工速度缓慢是孩子主要的问题还是次要的问题，您都可以帮助她接纳自己潜在的局限，为她的困难提供合理便利，在社交场合帮她发声。

加工速度和社交关系的三个 A

接纳

正如我们之前提到的，包括来自我们诊所的最近的研究显示，加工速度缓慢的孩子更容易有社交问题。他们经常很难及时地发起对话或应答。因为他们需要大量的时间组织自己的想法，再需要很长时间表达自己的想法、感受和需求。虽然他们完全可以理解并解读语言和非语言的线索，但是经常很难"在当下"注意到并解读它们。这可能会导致我们认为的"社交忽视"循环出现，这些孩子从而开始社交退缩或把自己封闭起来。

解决这个问题的第一步是，我们要知道社交困难可能是一个值得关注的问题，但同样重要的是，不要"过度解读"这些社交困难。也就是说，您不要马上下结论认为您孩子的社交困难是由更严重的如孤独症或抑郁这样的问题导致的。我们遇到过很多家长，他们找了一个又一个医生，问医生："没有人邀请我的孩子去参加聚会，是不是因为他有孤独症？"或者"我的孩子不跟其他孩子一起玩，是不是因为她焦虑或抑郁？"当医生说他们的孩子没有孤独症或抑郁倾向时，这些家长有时候会失望，因为他们想知道孩子有社交困难问题的原因。但是，由于这些医生在和家长的谈话中并不会评估加工速度，所以家长得不到答案。这就是为什么一个全面、正式的评估是非常重要的，即使主要问题只是和社交技能有关。接纳问题至关重要的第一步是排除干扰因素或找到问题本质。

全面的神经心理评估的内容应该包括孩子在各个环境中（在学校、家里、社交场合）学习和练习社交技能的能力。一个孩子应该有能力充分地加工和表达他的所见所闻，并做出适当的回应。知道孩子是否有听觉或视觉加工问题，能够了解您可以在什么时候、在哪些方面接纳他的局限。一个好的评估应该能够明确孩子在社交行为中的强项和弱项。最理想的评估是，评估者通过孩子在和同伴的互动中观察孩子，了解孩子的社交行为，但评估者往往（由于时间和成本的限制）是通过老师和家长的汇报来了解的。如果您的孩子有加工速度缓慢的问题，而您也担心他的社交问题，那么就需要留意孩子的以下这些情况。

- 在社交活动中看起来很难集中注意力。
- 需要很长时间才能理解社交概念。
- 看起来没有在听你讲话。
- 无法很快地在复杂的社交场合"应付自如"。
- 在同伴发起对话时无法回应。
- 想不起词，导致难以回答问题。
- 回答问题、回应笑话、理解讽刺的话慢一拍。
- 在互动或对话中做出回应需要很长时间，在情绪激动的对话中尤其如此。
- 因为没有及时收到邀请或回复太晚而错过社交机会。

您需要记住的很重要的一点是，即使知道孩子可能会有这些问题，也知道应该接纳这些问题是不在孩子的掌控中的，但这依旧不够。实际上，有很多方法可以为这些问题行为提供合理便利，甚至矫正这些问题行为。

提供合理便利

为加工速度缓慢的孩子的社交缺陷提供合理便利的方法有很多。您的孩子并不需要用到所有的方法，但在不同发展阶段，有些方法会更适用。我们最常给的建议包括以下这些。

为加工速度缓慢的孩子在社交技能方面提供合理便利的实用建议

- 简化社交场景并提供指导。
- 协助并支持孩子与他人的社交互动。
- 为孩子组织他的想法提供支持,协助孩子和同伴进行有效沟通。
- 在快节奏和复杂的社交场合协助孩子。

简化社交场景并提供指导

最重要也是最常见的便利之一是允许孩子有更多的时间加工社交互动的信息。如果您的孩子还小,那么最好的方法就是限制和孩子互动的朋友的数量或控制社交环境的复杂性。例如,您可以一次只给孩子约一个朋友,从而减少孩子快速处理和回应复杂互动的需求。您给孩子选择这次一起玩的朋友的时候,选一个和他有相似兴趣的朋友也有所帮助。在孩子和他的朋友玩耍期间,您要尽量待在附近(符合孩子年龄和发展阶段的前提下)。这样您就可以辅助孩子的互动(对年幼的孩子来说),或者在事后教孩子如何更成功地和别人互动。您可以找一到两个您注意到的孩子和他的朋友互动时容易出现的问题,然后专门攻克这些问题。给孩子反馈时,您的评语要温和且饱含着爱意,但是不能太含蓄。比如,您不要贬低地说"你没有听你的朋友说话,这很不礼貌"。更好的说法是:"当你的朋友谈论他想搭的乐高飞船时,你看起来似乎没有在听。但是我知道你对他说的很感兴趣。我猜是不是他说得太快了你很难跟上。下次你可以让他说得慢一点。"

当孩子到了青春期,您要控制他们的社交关系,并给出这类具体反馈就难很多了。因此,您需要找到合适的时机跟孩子谈谈她的一天过得怎么样,帮助她分析哪里可能出了问题。您要告诉孩子她的学习特征是什么样的,这样才能帮她注意到自己缓慢的加工速度什么时候可能会给自己带来困难,同时也能帮她了解如何利用自己的优势。对于如何帮助孩子应对加工速度缓慢问题对其社交关系的影响,我们可以给出以下建议。

- 教孩子用适当的方式减慢环境中别人的速度,例如,要求别人放慢讲话速度,或者说类似"等一等,因为我需要时间想一想"这样的话。
- 教孩子用适当的方式要求别人做出进一步解释,例如:"你这么说是什么意思?"或者"我没有完全听明白。你能再说一遍吗?"
- 限制与孩子互动的朋友的数量,因为人越少,孩子在互动中需要加工的信息就越少。即使对于在青少年时期的孩子,家长依旧可以在这方面有一些决定权。
- 教孩子在对话中跟上节奏的方法,比如在别人说话时点头示意,或者说"听着蛮有意思的""我理解""嗯"。
- 教孩子专注地看着正在说话的那个人。仔细观察正在说话的人可以增加感官输入,帮助自己加工信息。
- 教孩子成为积极的倾听者,通过别人的语调、面部表情和肢体语言解读别人的感受。如果言语信息发出的速度太快,那么这些额外的线索就可以帮助孩子理解别人在表达什么。

您可以从上面这些建议里看到，很多事情都是您可以教给孩子的，但不能只是把清单给孩子，然后就期待孩子在一年甚至一天内把这些都学会。相反的，这些是您在观察孩子、指导孩子时应该牢记的。我们的建议是，您要等到合适的时机和孩子进行讨论。这个时机可能是您在观察自己的孩子和其他孩子的互动之后，可能是您的孩子跟您说"没有人喜欢我"或"大家在操场上玩游戏时从来不邀请我加入"的时候。

在这些时候，您首先要做的是一边有同理心地倾听，一边分析到底发生了什么。有时候有同理心就够了，您的孩子只是需要共情。其他时候，她可能会听取一两则关于她的行为有什么问题的建议。比如："别人说话说得太快时，你似乎就走神了。你可以试试让他们说慢一点。别人说话的时候你要看着对方，因为我留意到别人说话一快你就会左顾右盼，这样你就听不到他们在说什么了。"

不要一下子给孩子很多负面的评价，您可以慢慢地给他一些如下建议。

- "不明白作业时，记得问问老师。"
- "听别人说话时，通过点头或目光接触更积极地倾听。"
- "通过提问和复述确保你没有听错。"

协助社交互动

您不仅可以简化社交互动、为孩子提供具体的建议，还可以在社交互动中为孩子搭"脚手架"。我们说的搭"脚手架"是指温和地帮孩子摆脱困难的社交处境，然后慢慢地退出，让孩子可以自己处理问题。例如，您6岁的儿子加工速度缓慢，您帮他找了一个朋友来家玩，但并不能保证一切进展顺利。当孩子的朋友来到时，您的孩子可能很高兴但是不知道该做什么。加工速度缓慢的孩子，尤其是年幼的孩子，很难想出玩哪些活动。作为家长，您可能需要发挥创造力，在孩子的朋友到来前就帮孩子安排好活动，比如画手指画或搭乐高积木。孩子的朋友到了以后，您可能还需要在旁边待10分钟帮孩子出主意，比如，可以说："也许你们可以搭建一个月球上的新城市。我一会儿回来的时候，你们可以跟我说说你们建的城市。"

除了在孩子和朋友刚开始玩时搭"脚手架"，您还可以在他们玩的过程中示范如何很好地开启话题，例如："卡蒂，周末你还做了什么？"即使是处于青春期的孩子，他们也会受益于这类提问的示范。他们也可能需要辅助使计划顺利进行。如果孩子是和朋友出门玩，那么您可能需要帮她想一些可能的活动，通过接送孩子含蓄地帮她控制活动的时间，或者帮她做好出门前的准备，这样她就不会迟到让其朋友失望。

提供组织和沟通支持

除了这些基本的干预，加工速度缓慢的孩子通常还需要别人帮他们组织他们的想法，这样才能更好地与人沟通。他们经常很难清楚、简洁地表达自己的想法，还可能给出一些杂乱无章的评论。他们经常很难快速地选择词语并组织语言，这就导致只会"绕着"一个话题讲，而听众不知道他们到底想要说什么。有时他们在社交中的话语可能听起来不连贯。有时说的话里可能会夹杂着模棱两可的词，例如："东西""那个东西"或"你知道我的意思,就是那个东西"。如果您的孩子有这样的问题,以下一些建议可能会有所帮助。

- 如果您和孩子一起看电影或电视,结束后可以花一些时间让孩子描述电影或电视的剧情。您可以要求孩子只说重要的情节。如果他开始偏题,您就通过让他顺着故事的时间线说,把他拉回正题。用这个方法也可以有效地帮孩子讲述自己的经历。比如,如果孩子在学校里度过了愉快的一天,您就可以让孩子给祖父母打电话告诉他们这一天的经历。不过,首先要让孩子在练习时注重讲述的顺序和语言的组织。
- 当孩子给您讲故事时,您拿手机录下来,然后看着录像评估他讲述的顺序和语言组织的情况。
- 让孩子跟自己的兄弟姐妹或朋友解释怎么玩一个他们不知道的电子游戏。
- 帮助孩子理解信息中的主次关系。
- 帮助孩子专注于故事的"全局",这样他们就可以有效地组织语言。
- 让孩子在解释一个话题时习惯使用如"第一""第二""第三"这样的词语。如果孩子讲述一段经历时有困难,您可以给她一些提醒,比如:"刚开始发生了什么?""接下来呢?""最后怎么样?"在问她下一个问题前您要确保给她足够的时间回答前一个问题。
- 当孩子讲的故事很难听懂时,您不要只是点头假装自己在听(大多数家长都这样做过一两次)。要确保您是一个积极的倾听者，可以说类似"我不太明白"这样的话。
- 图片可以帮助孩子用语言组织一个故事，特别是像动物园之行或最近的一次度假这样的故事。
- 烹饪可以作为教孩子语言组织技能的一种方式。例如，让孩子学习制作饼干所需的步骤，并教给他的朋友。

在复杂和快节奏的场合中提供协助

最后，值得再次一提的是，应对复杂、陌生、快节奏的社交场合对加工速度慢的孩子来说是最困难的。这类社交场合可能在任何时间、任何地点出现，尤其在运动中十分常见。因此，有时候运动可能对孩子来说非常具有挑战性。这并不是说这些孩子就不应该参加运动。在后文中，我们提供了一些关于运动的建议。下面我们先提供一些其他适用于陌生、快节奏社交场合的建议。

- 帮助孩子学会留意社交场景是什么时候开始变得复杂的。教会他有意识地观察并学习慢下来，而不是不断地给孩子施压让他"跟上节奏"。
- 识别出别人的情绪或社交场景是什么时候开始变得过于激烈的，孩子就可以在可能的时候转换到一个更积极、平静的环境中。
- 如果您知道某个社交场合可能会变得很难应付，就提前帮孩子做好准备，提前告诉孩子可能会发生什么，谁会在场。如果孩子会见到很久没有见过的人（比如大家庭团聚），您就提前给孩子看看他们的照片，熟悉他们的名字。
- 请值得信任的朋友或其他成人在附近提供提示或协助沟通。

用运动提升加工速度缓慢的孩子的社交技能

有组织的运动是增进社会关系的好方法,但有时运动对于加工速度缓慢的孩子来说尤其充满挑战,即使对运动能力强的孩子来说也是如此。尽管关于如何在体育活动中支持您的孩子并没有硬性的准则,但这里有一些您要记住的要点。

- 有时加工速度缓慢的孩子更喜欢非竞争性运动(但并非绝对),比如武术、游泳、骑马或骑自行车,因为某些运动对速度的要求可能会让人很难应付。如果您的孩子如此,那么请帮助她选择适合的运动。
- 根据孩子的兴趣和能力,帮她选择一个能够为她的运动技能和加工速度不足提供合理便利的团队。
- 如果孩子难以应付比赛,那么您就要和教练谈谈,衡量一下比赛目标,确保竞争不会太激烈。
- 选择一支专注于教学和练习运动技能的队伍,或者一项需要多加练习的运动,这可以为加工速度缓慢的孩子提供更多的练习时间,帮他们在正式比赛时加快加工速度。
- 在家和孩子练习,帮助其运动技能变得更熟练(比如投掷、接球、运球、投篮)。
- 确保这项运动鼓励体育精神,或者这支队伍教授和培养体育精神(强调团队合作而不是速度,队友之间互相鼓励,知道什么时候可以更激进,什么时候不可以)。

- 确保教练会对努力的孩子给予积极的反馈,不批评或不强调错误。如果您觉得这会是一个问题,那么最好和教练聊聊孩子的困难。
- 努力不要让自己成为那种典型的在训练时或比赛场边大喊大叫的"没有体育精神"的家长。通常对所有孩子来说,他们在比赛时看到父母在场边生气就会很有压力,对于加工速度缓慢的孩子来说尤其如此。听到父母在场边对自己人喊,更糟的是听到父母对教练或裁判大喊,只会给他们在本就充满压力的赛场增添更多压力。

发声

没有什么比在社交场合为自己发声更难的了。我们也观察到,没有什么比"我的孩子合群吗"更让父母担忧的问题了。对加工速度缓慢的孩子来说,为自己发声是至关重要的,因为大多数人都不理解他们。例如,四年级的保罗很聪明。他有 ADHD 和加工速度非常慢的问题。某天早上,在校车上,坐在他旁边的那些四五年级的男孩把脚伸到过道里做出想绊倒别人的样子,这更像是"十岁左右的男孩子会做的恶作剧"。有意思的是,没有一个人被绊倒,因为这些男孩会在别人被绊倒前快速地收回腿。至少,在保罗参与到这个恶作剧之前是没有人被绊倒的。

值得注意的是,保罗是最后一个参与到这件事情中的男孩。他花了好一会儿才搞清楚这个"游戏"到底是什么。当他终于开始把脚伸到过道里时，其他大多数男孩都已经停止了，因为他们意识到校车司机开始注意到他们了。保罗很晚才明白这些，而且太晚了。更糟糕的是，他把脚伸到过道里以后没有及时地收回，一个倒霉的一年级男孩被绊倒摔了一跤。这个一年级的男生一路哭到了学校，并在到校后告诉了老师。猜猜谁遭殃了？是开始这个"游戏"的男孩吗？那么其他参与的男孩有受到牵连吗？这两个问题的答案都是否定的。

保罗怎么样了呢？他被叫到了校长办公室。校长很严肃，她质问保罗："你为什么要这么做？你这是霸凌同伴吗？"保罗坐在那里哑口无言，他无法组织自己的语言进行回应。校长以为保罗的沉默是挑衅。她以为保罗就是始作俑者，给保罗的妈妈打了电话。保罗的妈妈很伤心发生了这样的事情。在校车上绊倒其他孩子听着不像是保罗会做的事情，挑衅这样的行为也不像是他能做出的。

保罗回到家以后跟妈妈解释了整件事情。他开始问："妈妈，我会不会去坐牢？什么是少管所？"他受到了很大的伤害，因为校长对他大喊："你知道做这样事情的男孩子都去了哪里吗？你听说过少管所吗？你是不是想让我报警？"当然，这些情绪激动之中的发问让保罗的反应更慢了。这个时候，保罗的妈妈需要解决两个问题。第一，她需要帮保罗理解他和其他男孩做的事情是不对的。第二，她需要让校长理解她对保罗的做法也是不对的。实际上，保罗的妈妈需要为保罗发声，帮校长更好地理解自己的儿子。

在这个案例中，保罗的妈妈是在事后为他发声。更好的做法是，她应该每年都和校长约谈，这样校长就会更清楚保罗的特点。这件事情发生后，除了参加 IEP 会议，保罗的妈妈还会每年都和学校的工作人员约谈，讨论保罗的进步情况、学习风格和学校能提供给他的恰当的合理便利。但她也意识到,保罗需要更好地为自己发声,也需要更好地判断自己的行为。

从保罗的例子我们可以看到,家长从小学就开始帮助孩子慢慢地习惯在社交场合为自己发声并不算太早,因为这些技能在初高中会越来越难习得。早到幼儿园或小学一年级,您就可以通过以下方式指导孩子更好地为自己发声。

- 鼓励孩子在日常活动中表达自己的需求。例如,在外就餐时,让孩子自己读菜单和做选择,而不是由您帮孩子读菜单(或者更糟,因为孩子做决定慢而帮孩子点菜)。
- 一起购物时,让孩子自己问店员,她最喜欢的冰激凌在哪儿或卖玩具的地方在哪儿。孩子问完后,对她的互动给出反馈:她说话的声音够大可以让店员听到吗?她跟店员有没有眼神交流?她有没有准确地理解店员给出的信息?
- 尝试预测孩子需要为自己的需求发声的场景,通过角色扮演和孩子演练。例如,新学年开始了,他要进入初中了,您可以帮他准备如何跟老师谈话,请老师按照他的 IEP 将考试时间延长。通过角色扮演预测孩子在学校里可能会发生的事情,比如他没有及时完成突击考试,或者下课前没有来得及把作业记下来。
- 鼓励孩子跟老师谈话时尽量具体。"我没法把作业写下来"就不如"我写字慢,我的 IEP 上写了我可以在这方面得到帮助。您觉得能确保我每天正确记下作业的最好方式是什么呢?"您的孩子可能要到十三四岁才能做到这样,但这是一个可以尽早学习的重要技能。
- 在教孩子为自己发声时最重要的一步是教孩子了解自己。帮助孩子总结自己的社交强项和弱项。自我分析可能是这个过程中最难的一步，在充满情绪的社交领域尤其如此。

当然，您的孩子在以上这些方面的能力取决于他的年龄和成熟度。

如果您的孩子遭遇霸凌怎么办？

我们目前没有数据显示加工速度缓慢的孩子比其他人遭受更多的霸凌。但是，数据显示，每 4 个孩子中就会有 1 个孩子遭受霸凌，而且这个孩子会因为某种真实的或感知的差异而成为被霸凌的目标。最常见的是体型差异、与大多数人有差异、能力差异（也就是说被霸凌的对象似乎是看着不会为自己挺身而出的孩子）。一个被霸凌的典型目标可能有着与众不同的地方，比如身患残疾使她在说话、走路方面与别人不同。加工速度缓慢的孩子通常属于这个类别。至于您的孩子可以做什么，我们的建议是您最好教孩子如下行为。

- 忽视霸凌者。
- 尽量不要哭、生气或沮丧（至少不要表现出来）。
- 尽可能冷静坚定地回应霸凌者，如"这不是真的"或"你错了"。
- 离开霸凌的场景，到一个有成年人的地方。
- 说"有问题的不是你，而是霸凌者。"

其他更实用的建议包括教授孩子如下技巧。

- 总和朋友一起上学、放学。
- 避免去容易发生霸凌的地方，比如学校里没有人监管的区域。
- 如果霸凌发生在校车上，坐到校车前面靠近司机的地方。
- 不要带贵重物品或很多钱去学校。
- 用记号笔标记自己的物品，这样当物品被偷或被找到时可以辨认。

作为被霸凌的孩子的家长，您可能随时想要冲到学校里大骂实施霸凌的孩子。幸好大多数家长不会这样做，因为我们最常听到的孩子的抱怨之一是，他们不喜欢自己的家长掺和他们的社交关系，让他们在学校老师和工作人员面前出丑。您可以做以下这些事情支持孩子，而不是生气。

- 倾听。跟孩子共情，而不是吓到孩子让他觉得你马上就要有所行动。有时候孩子只是想要有人倾听并赞同自己的想法。
- 抑制自己想打电话给霸凌者家长帮孩子解决问题的冲动。帮孩子一起制订一个她觉得舒服的策略。
- 提前想办法并演练下次如何对付霸凌者。
- 营造让孩子自信的家庭环境。教他抬头挺胸、站直、直视对方。

另外，我们也要提醒您：如果孩子已经被霸凌到不愿意上学的地步，表现出抑郁或焦虑的迹象，或者您担心他的安全，那就不要沉默。我们敦促您查阅推荐资源中列出的参考书，了解有关这一重要话题的更多信息。[1]

加工速度缓慢的孩子的家长经常问我们在培养孩子的社交技能

---

[1] 编注：本书推荐资源已转为在线呈现，可关注微信公众号"华夏特教"查看。

方面他们应该注意些什么。因为社交技能各方面的培养非常取决于孩子的年龄，我们在下文中按照不同的年龄阶段进行了罗列。如果您在很多事项上都打了钩，也许要考虑以更正式的方式解决这个问题，可以采用心理咨询、社交技能培训等方法或者尝试我们在本章提到的一些技巧。

"如果我和孩子一样在社交方面有困难呢？谁可以帮我？"

我们之前提到过这个问题，有时候苹果不会掉在离树很远的地方。有社交问题的孩子的家长抱怨说自己也有类似的问题，这并不少见。他们说自己害羞或不合群，也难交到朋友。在这样的情况下，家长可以怎么做呢？我们有以下建议。

- 寻求社交技能强的家庭成员的帮助，比如"酷叔叔"或擅长社交的阿姨。
- 为孩子报名参加课外活动，并告知这些活动的组织者您的孩子在社交方面需要一些额外的辅助。
- 考虑为孩子报名社交技能小组。这些小组是专门教授孩子社交技能的。
- 咨询学校是否可以让孩子在学校有一个同伴"导师"，比如一个更年长的、更擅长社交的学生，可以在社交方面帮助您的孩子。

缓慢的加工速度和社交关系：不同年龄阶段的注意事项

3～5岁：

- 加入小组活动缓慢
- 和朋友开始一项活动有困难（比如，当朋友来家里玩时显得不知所措）
- 不记得也难以提取"社交信息"，比如不记得以前一起玩耍时发生的事情，甚至是朋友的名字也记不起来
- 和朋友玩"过家家"时难以跟上
- 表现得害羞、安静或沉浸在自己的想法中
- 避免在忙碌的场合里和别人一起玩，如在有很多孩子但玩具不多的等候室
- 在社交中是一个"追随者"，经常慢一拍或简单地模仿其他孩子的行为
- 茫然地看着一个朋友、老师或家长
- 学前班老师形容孩子"喜欢一个人待着"或"不如其他孩子有那么多互动"
- 难以理解如捉人或丢手绢这样的社交游戏的规则
- 相比较和他人一起玩，更倾向于单独活动（比如一个人在田里找三叶草）
- 从一个社交活动过渡到另一个社交活动有困难（比如从沙盘游戏过渡到一起唱歌的活动很慢）
- 被叫到名字时回应有困难

6～12岁：

- ☐ 在有组织的活动中总是最后一个被同伴选择（比如踢球）
- ☐ 理解社交线索很慢（比如朋友开始隐约有点不耐烦了）
- ☐ 很难记得有组织的游戏的规则（比如夺旗游戏），或忘记关键的指令
- ☐ 很难清晰、简洁地跟别人讲述故事
- ☐ 加入小组活动缓慢
- ☐ 很难主动地邀请别人来玩
- ☐ 在社交互动中显得生硬或笨拙
- ☐ 对笑话或讽刺的反应"慢一拍"
- ☐ 抱怨特定的社交场合"太吵"或难以忍受（比如麦当劳的室内游乐场）
- ☐ 在忙碌的社交场合中不会注意到朋友到了或者离开了
- ☐ 很难主动地想出要和朋友一起玩什么
- ☐ 老师形容孩子"害羞"或"和其他孩子不同频"
- ☐ 很难记得或获取约朋友玩的信息，比如朋友的姓名和电话号码
- ☐ 不知道在社交闲谈时该说些什么
- ☐ 在别人快速交谈或者提出很多想法时"开小差"

13 岁及以上：

- 因为速度慢而在完成小组作业中有困难
- 忘记回复聚会或其他活动的邀请
- 忘记重要的社交活动的时间（比如学校舞会）
- 很难识别朋友含蓄的社交线索
- 讲故事时"抓不到重点"
- 总是迟到而让别人不耐烦
- 和朋友一起参加重要活动时忘记带票（比如演唱会）
- 多次问朋友同样的问题（比如："我们几点和卡丽见面来着？我又忘记了。"）
- 很难组织小组活动
- 误解社交线索
- 很难听懂朋友讲的复杂的故事
- 回复朋友的短信和邮件很慢
- 因为做作业或家务慢而错过社交活动
- 很难记得新闻时事和聊天的话题
- 在聚会和其他快节奏的社交场合中"退缩"

第八章

加工速度缓慢的情绪成本

本书读到这儿，您已经知道了缓慢的加工速度会影响孩子的学业、社交关系和家庭关系。在这些影响深远的领域所造成的困难累积起来会导致孩子在情绪领域的问题。缓慢的加工速度并不会直接导致孩子抑郁，而长期以来觉得自己落后或不如别人（社交上和学业上）会导致他抑郁和焦虑。

杰弗里现在16岁。我们第一次给他做评估时他5岁。当时，他在社交方面和行为方面都不太适应幼儿园的要求。第一次评估表明，他可能有学习障碍或ADHD，还有一个显著的特征是他在加工速度方面有问题。后续的评估显示，他确实符合ADHD的诊断标准，但是最显著的特征是加工速度缓慢。他在学校里的表现一直不太稳定。当老师善解人意时，他的学业表现很好，也很快乐。当老师不理解他的学习方式时，他就容易有轻微的抑郁和焦虑。但是，他从未接受过针对抑郁和焦虑的治疗，因为每次学年一结束他的情绪就改善了。

然而，过去的一学年却不同。杰弗里的妈妈埃洛伊丝给我们打电话寻求建议时，杰弗里刚刚读完高二。和往年不同，今年暑假杰弗里的情绪并没有改善。实际上，他连早上起床都有困难了。学年结束两周后，成绩单寄到了家里，他有一个 F（不及格），一个 D+，其他的都是 C。不及格的那门课是物理。尽管物理老师说杰弗里最起码有能力得 B，但是因为杰弗里几乎每天早上上课都迟到，所以跟不上课程内容。他频繁地缺席和迟到，所以也跟不上学校的其他课程。他无法按时去上课不仅仅是因为慢，还因为他抑郁了。他的妈妈知道他需要帮助，所以给我们打了电话。

杰弗里这样的案例并不少见。我们的研究显示，样本中有超过三分之一的加工速度缓慢的孩子同时有像抑郁、情绪波动、感到绝望这样的情绪问题。这类情绪问题并不是所有孩子都可能有的间断性的典型的情绪化，而是有临床意义的可以被诊断为抑郁症或情绪失调的情绪问题。此外，样本中三分之一的加工速度缓慢的孩子也符合焦虑症的诊断标准。这是一个关联性的研究，也就是说，我们证明了缓慢的加工速度与焦虑和抑郁之间存在关联，但并不是说它们之间存在因果关系。然而，我们可以毫不夸张地假设：如果孩子无法满足父母、老师和朋友的要求，他就会感到沮丧、焦虑，并通常对自己感到失望。

加工速度缓慢的孩子常见的情绪问题

低自尊

自尊或自我价值是我们面对生活的磨难和困难时保护自己的

盔甲。孩子在成长过程中，自尊心的高低是不断变化的，它受到我们的经历和认知的影响。大多数孩子都可能有过一两次低自尊的经历，但当一个孩子有加工速度缓慢问题时，低自尊可能成为一个长期的问题。

九年级的约翰是一个运动健将，他在美式足球场上的表现远超过课堂上的表现。他的家长和老师觉得他就像一个谜，因为他可以记得和队友的比赛训练，却记不住西班牙语考试的内容。教练认为他很有天赋，却不得不多次让他"坐板凳"，因为他训练迟到。他还因两门课程不及格而被留校察看。但这并没有让约翰更谦虚，他有时反而表现得过于自信，吹牛说自己是队里最好的球员，只是"白痴老师们故意找他麻烦"。他这样的过度自信只是为了掩饰严重的自尊心受损问题。只有父母看得出来，因为他们首当其冲地承受着他的烦躁和愤怒情绪。

在许多方面，约翰内化了他的失败。在虚张声势的表面下是他的自卑。他以两种方式应付这些感受——要么过度自信，要么完全士气低落。他有时候会说："教练根本不知道自己在做什么。我是队里最好的球员。"他有时候又会说："我什么都做不好。我讨厌美式足球，我不在乎我是否能再踢球。"

低自尊的人往往对挫折的容忍度低，并且容易批评自己或对自己感到失望。就像约翰一样，他们容易放弃，有时候把自己的问题怪罪于别人。最令人不安的是，低自尊的孩子往往认为暂时的挫折是永久性的，并且会变得长期悲观。低自尊与心理健康问题息息相关，尤其是抑郁症。

抑郁症

正如之前提到的，我们的研究样本中有三分之一的加工速度缓慢的孩子符合情绪失调的诊断标准，尤其是抑郁症。经历了太多的沮丧和失败后，有些加工速度缓慢的孩子可能会开始对未来感到绝望。杰弗里就是如此。像杰弗里一样，加工速度缓慢又抑郁的孩子很难找到动力，会有"我何必在乎呢"这样的态度。他们可能在家里更容易发怒，更容易哭，或者看起来过于敏感。您可能会注意到他们有更多的身体不适，例如头痛、胃痛或睡眠问题，比如晚上难以入睡或早上很难醒来。

儿童的抑郁和成人的抑郁表现不同。想到抑郁时，您的脑海里可能会浮现出这样的画面：一个人很伤心，一直在哭，在屋子里闷闷不乐，他把自己关在房间里。但抑郁的儿童不一定是这样的表现，儿童比成人更可能通过行为表达他们的情绪。他们可能会对他人发脾气（比如挑衅打架），挑剔他们的兄弟姐妹，容易发怒，不听大人的话或不遵守家里的规矩。

焦虑

有些孩子会因为加工速度慢而抑郁，而另一些孩子会焦虑。这些焦虑的孩子不会感到绝望，而是会担心更多。他们可能会过度关注自己的表现，担心别人对自己的看法，或者很容易被一些小事激怒——尤其是与时间有关的事情，比如迟到或无法按时完成考试。他们甚至可能用完美主义过度补偿他们缓慢的加工速度。他们可能会熬夜用好几个小时慢慢地做作业，为即将到来的考试而紧张学习，不做到绝对完美不上交项目成果。

我们来看看埃玛的例子。9岁的埃玛来我们诊所做评估。她在学校里很难完成任务，所以老师把这个问题告诉了埃玛的父母。老师觉得她注意力不集中，完成课堂上的任务需要比同学们多至少1倍的时间。对于拼写测试和数学考试，埃玛在家和父母练习的时候知识点"都知道"，但是在学校一测试就全部忘记了。

埃玛开始在早晨说自己身体不舒服而不愿意上学。当父母问她是不是在担心什么时，她说并没有，只是"感觉不舒服"。她开始在晚上难以入睡，不愿意离开父母。如果妈妈下班回家晚了，埃玛就会坐在窗边看着窗外，她会做最坏的打算，比如妈妈出车祸了或者死了。在埃玛的案例中，加工速度缓慢的问题表现只是她潜在焦虑的一部分。然而，当她在学校接受治疗和心理咨询时，这是心理医生和治疗师需要考虑的重要方面。也就是说，在治疗她的焦虑时，治疗师、家教、学校老师都需要牢记埃玛可能需要更多的时间实践她在治疗中所学到的。

要初步了解您的孩子是否存在与加工速度缓慢相关的情绪问题，请使用下面的清单。

加工速度缓慢的情绪成本：注意事项

勾选您经常在孩子身上看到的迹象。

低自尊

- ❏ 过于自负
- ❏ 表现出悲观的态度
- ❏ 抱怨"没有人喜欢我"
- ❏ 频繁地把自己和别人比较
- ❏ 对哪怕是轻微的批评都过于敏感
- ❏ 不好意思把作业或项目成果给老师和家长看
- ❏ 表现得过于自信
- ❏ 不愿意承认错误
- ❏ 苛责自己
- ❏ 发表自我贬低的评论，比如"我很笨"或"我什么都做不好"

抑郁症状

- ❏ 很难入睡或很难起床
- ❏ 对未来感到绝望
- ❏ 食欲或饮食习惯发生变化，吃得更少或更多
- ❏ 行为暴躁，脾气暴躁
- ❏ 常表达悲伤的情绪

- 过于爱哭
- 在家表现得激进、叛逆
- 对以前感兴趣的活动失去兴趣
- 远离朋友和家人
- 抱怨说在学校很难集中注意力
- 似乎对小事情反应过度
- 很难有动力做事情,极度拖延
- 抱怨肚子疼、头疼或其他部位疼痛
- 看起来行动迟缓、无精打采

焦虑症状

- 过于担心自己的能力和表现
- 对哪怕是很小的事情也会表现出过度担心
- 喜欢可预测的事情,一有变化就很难应对
- 认识新的人时表现得不自在
- 有很多恐惧
- 拒绝去学校
- 抱怨肚子疼、头疼
- 不愿意离开父母
- 担心家庭成员会受伤或死亡
- 很难在课上发言
- 有重复和无法控制的想法和行为(例如,一遍又一遍地数数以确认数量)

接纳加工速度缓慢和情绪问题的恶性循环

还记得加工速度的三个 A 原则吗？接纳是关键，而在情绪问题方面，接纳可能是一项艰巨的任务。我们之前已经提到过，缓慢的加工速度和情绪问题之间有关联，但这并不代表它们有因果关系。但是，家长们总会想"我还可以做什么预防孩子抑郁呢？"家长常常觉得抑郁和焦虑的孩子能够"振作起来"。例如，杰弗里的妈妈说："我认识镇上面包店的老板，她说她可以雇佣杰弗里。但是杰弗里连去店里填表都做不到。我知道如果他去工作的话，他的心情会变好的。"杰弗里的妈妈可能是对的，杰弗里也许工作后会心情变好，但是他现在太沮丧和绝望了，无法在面包店里兼职。

有很多很好的写给父母的关于抑郁和焦虑的书（比如我们在推荐资源里列出的书）可以帮助您更好地理解抑郁和焦虑。了解这些知识很重要，因为只有这样您才能接纳孩子正在经历的，并且了解他会发生什么，又该如何最好地进行治疗。如果孩子在这方面有问题，我们建议您寻求全面的评估，这个评估不仅要包括认知和学业功能，还要包括情绪方面。您需要充分了解孩子的加工速度缓慢是如何与他可能发生的任何类型的情绪问题相互作用的。

加工速度缓慢和情绪问题之间的关系是错综复杂的。缓慢的加工速度可能引起情绪问题，反之，情绪问题也可能导致缓慢的加工速度。我们把这个称为"加工速度缓慢和情绪问题的恶性循环"（见图9）。加工速度缓慢的孩子容易产生低自尊、抑郁、焦虑。当这些情绪问题出现时，孩子可能会更慢。例如，我们知道抑郁的孩子经常会动力不足、注意力不集中，而低动力和低注意力会进一步减缓加工速度。加工速度缓慢和焦虑也是同样的恶性循环。缓慢的加工速度可能会导致焦虑，而焦虑又会给快速加工信息制造困难。

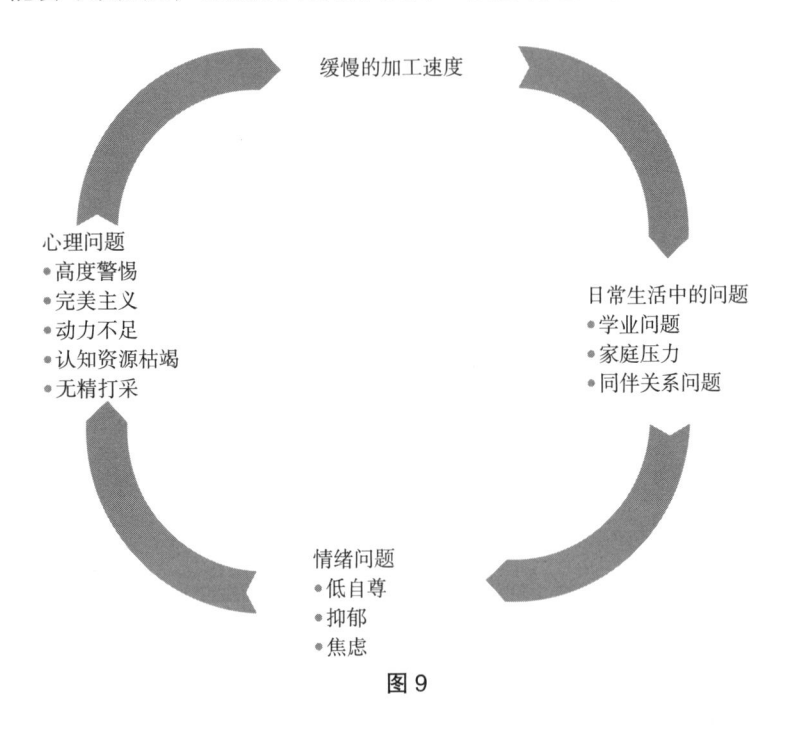

缓慢的加工速度

心理问题
- 高度警惕
- 完美主义
- 动力不足
- 认知资源枯竭
- 无精打采

日常生活中的问题
- 学业问题
- 家庭压力
- 同伴关系问题

情绪问题
- 低自尊
- 抑郁
- 焦虑

图 9

可能您自己就经历过这样的情况。充满担忧的时候，您会很难集中注意力，很难听取他人的意见，也会很难完成工作任务。即使任务很简单，高度的焦虑依旧会成为成功路上的绊脚石。这在我们的诊所里非常常见。加工速度缓慢的孩子会担心他们的表现，尤其是在计时测验中。然后，这种焦虑会进一步影响他们的速度，让他们慢下来，或者在更极端的情况下，导致他们完全拒绝进行特定的测验。

为有情绪问题的加工速度缓慢的孩子提供合理便利

用于儿童抑郁和焦虑的治疗方法有几百种，其中大多数方法也适用于有这些情绪问题的加工速度缓慢的孩子。如果您觉得孩子抑郁或焦虑严重，就应该寻求治疗。这里提到的合理便利是您可以在日常生活中提供给孩子的，即使对没有情绪问题的孩子也有帮助。

减少情绪化的对话

每个家庭都会有争吵和情绪化的时候，对一些孩子来说这并不是一个问题。然而，对加工速度缓慢的孩子来说，争执和情绪化可能会使生活变得比应有的更艰难。有些学者在自己的整个职业生涯中都致力于研究家庭争执，比如常见的家庭争论话题是什么，以及当争论变得激烈时家庭成员们如何沟通。研究显示，家庭成员在争吵时，他们的音量会大幅升高，语速会急剧变快，甚至会快两三倍。任何与别人进行过激烈讨论或有过意见分歧的人对此都不会感到震惊。研究也告诉我们，当一个孩子有如抑郁或焦虑的情绪问题时，家中的争执会更频繁。虽然家庭争执对所有人都充满压力，但是对加工速度缓慢的孩子尤其如此。加工速度缓慢的孩子可能都不知道家庭争执的原因，可能是争执发生太快，他跟不上，也可能是他完全不知道为什么妈妈生他的气。

另外，加工速度缓慢的孩子还有跟不上争论或家庭分歧的节奏的问题。参与争执的人越多，他们就越难跟上。10岁的特莎，加工速度缓慢。她的父母经常误以为她的行为是"安静的反抗"。当她在家犯错误时，父母就会大喊："特莎，你到底为什么要那样做？你在想什么？"特莎会僵住，不知道该怎么回答，因为她仍在努力弄清楚父母为什么生气。当她呆呆地站着不回答时，父母认为这是一种反抗，认为她顽固不化。

我们帮助特莎的父母理解，由于特莎缓慢的加工速度（其实还有她的焦虑），家庭争执和情绪化的问题对她来说都很难应对。我们建议特莎的父母在家对话时减慢语速且用更缓和的语气。我们知道这并不容易。我们建议，当事态变得严重的时候，相关的家庭成员在尝试谈论问题之前先"冷静"一段时间，等每个人都冷静下来了，说话速度放慢了，语气也缓和后，大家再讨论问题。我们希望这种转变能够减轻特莎的焦虑，并缓和整个家庭的压力。

帮助找到强项

正如我们在本章前面提到过的，加工速度缓慢的孩子可能因为在学校里表现不佳而自卑。所有孩子都需要拥有"一技之长"，一项能让他们发光的技能或才能，也就是他们最擅长的事情。许多孩子在学业上大放异彩，但是对于加工速度缓慢的孩子来说，情况往往并非如此。因此，他们需要在其他方面找到能让他们自信的特长。

以 7 岁的考利为例，她有加工速度缓慢问题和阅读障碍。上二年级的她在学业上苦苦挣扎。她每周在学校接受 3 次特殊辅导，老师会把她从教室里叫出来单独辅导，这让她很不自在。她的父母很担心这会伤害考利的自尊心。考利会问："为什么要把我从教室里叫出来？""为什么我不能像其他同学一样阅读？"虽然考利在学业上的表现并不突出，但是她想象力丰富，喜欢打扮、唱歌，还喜欢为家人表演。她的父母决定让她加入一个儿童剧团，考利从此大放异彩。她是剧团里最好的歌手和演员，从剧团导演及朋友和家人那里得到了大量积极的反馈。戏剧表演成了考利的"一技之长"，这个强项能够帮助她抵抗学业上的困难给她的自信心造成的任何负面打击。

增加参与有趣活动的频率

对于情绪受到缓慢的加工速度影响的孩子来说，他们一天中大部分的时间都在担心和情绪低落中度过，而且在学校做着自己不擅长的事情。作为一个成年人，您可以想象自己有一份不擅长的工作，更糟糕的是您意识到自己的同事都比您高效。不难想象，这样的工作长年累月会对您的自尊心和情绪有怎样的负面影响。

有关儿童焦虑和抑郁的研究表明，父母可以在家中使用一种有效策略，这种策略被叫作"行为激活"（behavioral activation）。行为激活背后的原理是增加孩子觉得有趣、愉快的活动的频率。孩子做愉快的事情的时间越多，比如打篮球、和朋友玩耍、和您一起去买冰激凌，他感到抑郁的时间就越少。当然，您要注意，不要挑那些需要快速的加工速度的活动。例如，一个加工速度慢且自卑的孩子并不会觉得和全家人一起玩一个快节奏的桌游有意思。

考虑由合适的心理咨询师进行心理治疗

如果您在之前的"加工速度缓慢的情绪成本"列表中勾选了一些选项，那么您可以考虑为孩子找一位心理咨询师。谈话疗法（talk therapy）实际上是治疗儿童焦虑和抑郁最有效的方法之一。儿童心理学家、社会工作者和学校心理辅导员都可以为孩子进行谈话治疗。治疗抑郁和焦虑最常见的一个方法是认知行为疗法（cognitive-behavioral therapy，CBT）。采用CBT的心理咨询师会帮助孩子通过改变他们的想法和行为减少焦虑，并改善他们的情绪。这些心理咨询师会帮助孩子识别并修正引发抑郁和焦虑情绪的负面想法。他们还会帮助孩子改进解决问题的策略，并和孩子一起寻找更好的方法应对压力。

但是，对您的孩子来说谁是合适的心理咨询师呢？这是家长常问我们的问题。我们理解家长为什么都会这么问，因为心理咨询师和孩子之间好的"适配"是孩子有良好治疗体验的关键。家长在为加工速度缓慢的孩子寻找心理咨询师时，可以选择有以下特征的心理咨询师。

- 平静且放松。
- 性情温和。
- 说话不会太快或太大声。
- 有治疗如加工速度缓慢或执行功能障碍等认知障碍的孩子的经验。
- 不会一下子提出太多想法。
- 有耐心，会给孩子时间思考如何应答。
- 您的孩子喜欢和他/她见面。
- 说的话容易让人听懂，想法有条理。
- 用图表、宣传册或多媒体等不同的方式向您的孩子呈现信息。

药物有帮助吗？

对家长来说，因孩子抑郁或焦虑而对他用药经常是一个艰难的决定。您需要考虑自己对用药的认识和看法，并最终决定是否走这条路。收集有关儿童抑郁症和焦虑症药物治疗的真实数据很重要。网上有很多可怕的故事和不准确的信息。因此，咨询儿童精神科医生是比较好的第一步。儿童精神科医生是在儿童情绪问题的药物治疗方面的专家。他们可以帮您解答关于药物的问题，跟您和您的孩子谈谈药物可能有的副作用。和认知行为疗法类似，抗抑郁和抗焦虑的药物可以有效减轻约四分之三的患病儿童和青少年的症状。

为加工速度缓慢且有情绪问题的孩子发声

这本书看到这里，您应该已经意识到了您是孩子最好的发声者，尤其是当别人需要更好地理解孩子的特质时。我们在前面的章节已经提到过，加工速度缓慢的孩子很难为自己发声。当孩子有情绪问题时，这个问题会更加突出，比如自卑、抑郁、焦虑。自卑或抑郁的孩子经常缺乏寻求帮助的动力或信心。焦虑的孩子有时候不敢求助。基于这些原因，您为孩子发声就更重要了。

儿童抑郁症和焦虑症经常被人误解，所以您为孩子发声的第一步是，帮助人们了解儿童抑郁症和焦虑症是什么。例如，有时候学校容易给有学习障碍和抑郁症的孩子贴上行为问题的标签。这时您需要提醒学校的工作人员：孩子并不是故意表现得不好，他的行为是有原因的，比如任务太难或他觉得自己不行。如果孩子在学校接受了全面的评估，那么给孩子做测验的学校心理学家就可以帮助您明确孩子在学校出现这个行为的原因。您也可以通过校外的独立评估找出孩子在学校里出现这种行为背后的原因。

为您的孩子发声的第二步是在学校获得情感支持。正如有学习障碍的儿童在美国法律上有权在学校获得帮助一样，有情绪障碍的儿童也是如此。如果孩子被诊断出有如抑郁或焦虑这样的情绪障碍，就可能有资格在学校获得某些类型的支持。这些支持有两个目标：第一，直接缓解孩子在学校的情绪症状，为孩子提供合理便利；第二，减少与孩子情绪问题相关的困难，比如完成考试的速度慢。孩子有权获得以下这些支持。

- 每周在校接受心理咨询。
- 指定一个"可以信任的人"，当孩子感到焦虑或不知所措时可以去找他。
- 在孩子表现好的时候频繁地表扬他。
- 用积极的强化（比如奖励）而不是消极的后果（比如被叫去校长办公室）改善课堂行为。
- 考试延时和作业减量。
- 不要让孩子处于当着大家的面尴尬的境地，比如让他在全班同学面前讲话。
- 通过给孩子布置容易、有趣的"工作"（比如给班上的仓鼠喂食）提高孩子在班上的成就感。
- 放学前提供作业支持，帮助孩子着手作业任务和准备考试。
- 通过频繁的家校沟通确保大家的信息一致。

家长经常问我们，他们应该跟孩子说什么。"我应该用焦虑或抑郁这样的词语吗？""我应该跟孩子谈吗？""我应该对我的女儿说什么？""我该怎么说呢？"

关于您到底具体要和孩子说什么，我们很难给出一个完美的脚本，因为这在一定程度上取决于孩子的年龄。您不该用和一个16岁的孩子谈论的方式去和一个6岁的孩子谈论她的焦虑。您在和年幼的孩子谈论他们的感受时，命名他们的感受是很有帮助的。您可以用"担心"这样的词语代替"焦虑"，或者用"伤心"代替"抑郁"，因为这个年龄的孩子对"担心""伤心"这样的词语更熟悉。例如，在我们的诊所，我们有时候会把焦虑称为"担心龙"或"担心怪兽"，以便谈论孩子们要如何"驯服"这些动物。

您在和青少年谈论情绪问题时，坦诚、开放的讨论一般比较有帮助。您可以做一个积极的倾听者，不要打断他们说话，了解您的孩子在想什么，以及为什么他会这样想。一方面，您可能会对青少年的洞察力水平感到惊讶。另一方面，您可能还会发现您的孩子根本没有准备好谈这个话题。但最重要的是您开发了沟通的渠道。当您和孩子谈论担心和压力这样的感受时，无论孩子的年纪大小，重要的是要帮助他们燃起希望。除了和孩子共情，您还要让她放心，事情会好起来的，这些感受是暂时的。您可以提醒她，不必独自面对这些感受，您会努力为她提供所需要的帮助，这样她才会对未来充满希望。

在本章的最后，我们也要指出，并不是所有加工速度缓慢的孩子都有超出所有孩子典型的情绪起伏状况的情绪问题，或者在将来有这样的问题。本章的目的并不是警告您，您的孩子会因为加工速度缓慢而不可避免地产生情绪障碍。有些孩子会有这些问题，有些孩子不会。关键是要增强您的意识。只有这样，当您确实看到一些情绪症状浮出水面时，才会有一些基本的方法识别正在发生什么、为什么会发生，以及如何应对。

第三部分

了解情况

第九章

加工速度的正式评估

正如我们推荐的，找一位专业人士为孩子做正式评估通常是帮助您接纳、提供合理便利和为孩子发声的关键。不过，这些评估报告是什么样的呢？如何解读这些报告呢？评估结束后，评估者应该会与您会谈，解释孩子在评估中的表现如何、报告上的分数意味着什么，以及根据孩子的认知和学业特征，他需要得到哪些支持。但是，在您去参加这样的会议之前，甚至在您开始评估前，了解评估报告的样子是很有帮助的。

我们在第一章提到过，评估报告会根据不同的临床工作人员和地点（例如，学校的报告和医院的不同，评估的内容也有差异）而有很大差异。在本章中，我们提供了2份来自我们诊所的报告样本。我们诊所的报告样式是基于医院的神经心理评估项目。我们会评估孩子多方面的功能，比如智力、注意力、语言、记忆力、学业表现、情绪功能，当然还有加工速度。我们提供的2份样本的评估对象分别是：科迪，8岁男孩，有ADHD，注意力不足型，还有加工速度缓慢问题；莉萨，17岁女孩，有加工速度缓慢问题和执行功能障碍。（注：这两份都是真实的报告，但所有个人信息，包括姓名、年龄、分数、性别和其他个人信息，都已更改，以保护相关孩子的隐私。）

> **评估报告样本 1：科迪**
>
> 神经心理评估　　姓名：科迪·萨姆纳
>
> 年龄：8 岁 5 个月
>
> 年级：三年级
>
> 生日：2004 年 4 月 7 日

转介原因

在老师的建议下，科迪由父母转介来诊所进行神经心理评估。科迪的父母和老师的担忧包括：① 完成学校作业速度慢；② 感官统合困难；③ 焦虑症状（如：恐惧、紧张）。本次评估的目的是了解科迪的强项和弱项，给出一个清晰的诊断，以协助他制订教育和治疗计划。

背景信息

科迪是一个 8 岁 5 个月的男孩，目前在私立学校格林菲尔德学校就读三年级。科迪的妈妈在孕期除晨吐严重以外一切顺利。科迪足月出生，产程顺利，出生时体重为 3.44kg。科迪的早期发展里程碑（即爬、走、说话）都在正常范围内。他值得注意的病史包括季节性过敏、频繁耳部感染和间歇性便秘。科迪也经常感到疲倦并抱怨胃痛。根据科迪父母的报告，他家值得注意的家族病史为，若干家庭成员有学习障碍。

在学校里，老师说科迪非常慢，有时候还会"注意力不集中"。

科迪在上一二年级时，老师认为是科迪过于完美主义和焦虑，导致了他速度慢。但是，他说话慢和完成任务慢的问题延续到了三年级，这看上去不仅仅是完美主义造成的。他有时会在完成学习任务中停滞不前或分心。老师担心他不能跟上同龄人的步伐。

尽管科迪完成任务的速度慢，但是据老师说，他在阅读和数学方面的表现都很不错，也表现出了出色的记忆力和解决问题的能力。但是，限时的测试对他来说很难。据科迪的父母说，任何有时间限制的考试对科迪来说都很难。在情绪方面，大家称他为"忧虑者"。他经常在陌生的场合里感到恐惧和焦虑。在社交方面，科迪有时很难跟上其他孩子的节奏。他也有感官问题（例如，对某些材质过度敏感），针对这个问题接受过一段时间的作业治疗。

行为观察

科迪的评估在一天内完成。他是一个中等身高和体重的男孩。我们见面时，他穿着随意，打扮得体，情绪表现也在正常范围内。科迪善良、有礼貌，对于评估者的要求都很配合，别人和他建立融洽关系很容易。我们观察到的他最突出的表现是完成任务尤其慢。有时候，他看起来心不在焉，对评估者的评论、讲的笑话和指令的反应都很慢，他好像在评估者讲的笑话和自己的反应之间"漏了一拍"。评估结果被认定是对他当下各项能力有效的评估。

什么是行为观察？

行为观察是神经心理学家在评估前和评估中对孩子行

为的印象。这些观察是神经心理学家根据与孩子打交道的经验得出的个人的判断。目的是强调孩子行为的一些重要方面，例如她的速度有多快、测试当天她的心情如何，以及她与评估者的关系如何。

测验工具

韦克斯勒儿童智力量表第四版（WISC-IV）；韦克斯勒个人成就测验第三版（WIAT-III）；比里–布坦尼卡视觉–动作统合发展测验第六版（Beery-Buktenica Developmental Test of Visual-Motor Integration，VMI）；广泛记忆和学习评估测验第二版（Wide Range Assessment of Memory and Learning，WRAML2）；伍德科克–詹森成就测验第三版（WJA-III），相关分测验；伍德科克–詹森认知能力测验第三版（WJC-III），相关分测验；康纳斯持续性操作测验第二版（Conners Continuous Performance Test-II，CPT-II）；儿童行为评估系统第二版——个性自陈量表（Behavior Assessment System for Children，BASC-2）；儿童行为量表——家长用（Child Behavior Checklist，CBCL）；执行功能行为评定量表——家长用（Behavior Rating Inventory of Executive Function—Parent Report，BRIEF-PR）；儿童症状清单–4（Child Symptom Inventory–4，CSI-4）；临床采访和查看记录。

测验结果

智力功能

本次测验用 WISC-IV 评估科迪的智力功能。这个测验包括一般智力功能的测试[全量表智商（Full Scale IQ，FSIQ）]和 4 个指数分数。全量表智商和指数分数的平均值为 100，标准差为 15。标准差表示与平均值的差异或"偏离"程度。下面的表格是科迪的分数。

表 4 科迪的 WISC-IV 分数

WISC-IV	综合得分	百分位数	质的描述
言语理解	110	75	中上
知觉推理	129	97	优秀
工作记忆	113	81	中上
加工速度	88	21	中下
FSIQ	116	86	中上

科迪在不同的方面表现出不同的智力水平。在言语理解（即词汇量和一般事实知识）、知觉推理（即知觉模式分析）和工作记忆（即记住信息以完成任务的能力）这几方面，他处于中上到优秀的范围水平。但是，加工速度是他的一个显著的弱项。

科迪的单项（年龄参考）分测验的分数如下表所示。分数为 8~12，处于平均范围内（平均值 = 10；标准差 = 3）。

表 5 科迪的单项分测验分数

言语理解分测验分数

分测验	分数	百分位数	质的描述
类同	12	75	中上

（续表）

分测验	分数	百分位数	质的描述
词汇	11	63	中等
常识	13	84	中上

知觉推理分测验分数

分测验	分数	百分位数	质的描述
积木	14	91	优秀
图画概念	14	91	优秀
矩阵推理	16	98	非常优秀

工作记忆分测验分数

分测验	分数	百分位数	质的描述
背数	13	84	中上
字母数字排序	12	75	中上

加工速度分测验分数

分测验	分数	百分位数	质的描述
译码	7	16	中下
符号检索	9	37	中等

学业成就

本次评估用 WIAT-III 和 WJA-III 中的流畅性分测验评估科迪在阅读、数学、拼写这些基本方面的学业成就。下表显示了科迪在这些测验中的实际标准分和预测标准分（平均值 = 100；标准差 = 15），以及相应的分数对应的百分位数和年级当量。

表 6　科迪的学业成就相关测验部分分数

WIAT-III 分测验	实际标准分	预测标准分	百分位数	年级当量
读单词	120	110	91	5:9
假字解码	126	110	96	8:1
基本阅读合成量表	**127**	110	96	—
数字运算	117	110	87	4:5
数学问题解决	117	110	87	4:5
数学合成量表	**117**	110	87	—
拼写	117	110	87	4:7

WJA-III	标准分	百分位数	年级当量
阅读流畅性	75	5	K:8
数学流畅性	75	5	K:7

科迪在阅读方面的表现超过年级水平，也就是说，阅读是他的强项。此外，他在拼写上也表现突出。他的数学技能也超过年龄和年级水平。虽然他有这些强项，但是当他在限时的情况下阅读和解数学题时，就有显著的困难（即流畅性任务）。

什么是"学业流畅性"？

您可能听到过孩子的老师说孩子的"流畅性"低。这意味着孩子在做阅读、数学和写作任务时速度慢、准确率低。一个孩子可能只在某一个领域流畅性低（如阅读流畅性低），也可能在所有学业领域流畅性都低。学业流畅性低的孩子会在快速做数学题、限时阅读测验和短时间内写好作文方面有困难。

注意力、执行功能和信息加工

本次评估用 CPT-II 评估科迪的持续视觉注意力。在这个测验任务中，科迪面对电脑上一系列的视觉提示，需要有持续的专注力，尽可能准确地做出反应，并在被要求不做出反应时抑制反应的冲动。总体来说，科迪在这个测验中的表现更符合 ADHD 儿童临床样本的表现（与非临床样本相比）。也就是说，他的表现表明，他存在具有临床意义上的注意力问题的可能性为 89%。他的注意力不集中问题尤其显著。而且，他的妈妈在诊断清单上的打分也显示了他有很多注意力不足的症状（母亲：认可 9 个症状中的 7 个症状）。这些问题包括：很难长时间集中注意力、很难按照指令做事、回避需要持续脑力劳动的任务。科迪有时候还会弄丢需要的材料，健忘，容易分心。关于他的行为表现，他的妈妈并不觉得有多动或冲动的问题。

▼▼▼▼▼▼▼▼▼▼▼▼▼▼▼▼▼▼▼▼▼▼▼▼▼▼▼▼▼▼▼▼▼▼▼▼

"有没有哪项测验可以判定一个孩子是否有 ADHD？"
评估者不能只用一项神奇的测验判断您的孩子是否有 ADHD。但是，有很多测验可以帮助评估者判断您孩子的注意力和同龄人相比如何（比如本报告中的 CPT-II）。评估者通常会综合家长报告、老师报告、测验期间的行为观察和标准化的测验评估一个孩子的注意力。当家长、老师和注意力测验都表明这是一个问题时，才可能得出 ADHD 的诊断。

▲▲▲▲▲▲▲▲▲▲▲▲▲▲▲▲▲▲▲▲▲▲▲▲▲▲▲▲▲▲▲▲▲▲▲▲

本次评估用 WJC-III 的一些分测验评估信息加工速度和快速提取信息能力。结果如下表所示（平均值 = 100；标准差 = 3）。

表7　科迪的 WJC-III 部分分测验分数

WJC-III	标准分	百分位数	年龄水平
提取流畅性	73	4	5:8
决策速度	75	5	5:9
快速图片命名	75	5	5:10
认知流畅性合成量表	73	4	5:9

本次评估发现，科迪在快速提取信息、快速决策和快速加工信息方面有显著的困难。这些发现和他的父母观察到的他完成任务慢这一情况是一致的。此外，科迪父母填写的调查问卷［即执行功能行为评定量表（BRIEF）］显示了他在提前计划和组织方面有困难（第89个百分位数）、在注意并在脑海中记住信息以完成任务方面有困难（第95个百分位数），以及在启动任务方面有困难（第90个百分位数）。

精细运动技能

科迪是右利手。本次评估用钉板测验评估他的精细运动技能。在这个测验中，科迪需要把一侧带有钥匙的钉子旋转并快速插入孔中。他在这项任务中的表现显示出预期的右手优势。此外，他惯用手的精细运动速度和准确率（即灵活性）处于中下范围（惯用手标准得分 = 89，第23个百分位数）。他的左手速度也很慢（非惯用手标准得分 = 80，第9个百分位数）。

记忆力

本次评估用 WRAML2 中的一些分测验评估科迪的言语记忆水平。在听了两个故事后,他需要回忆故事细节,他的表现处于平均水平(故事记忆得分 =13,第 84 个百分位数)。20 分钟后,他能够识别出这些故事中的很多关键细节(故事记忆识别得分 =15,第 95 个百分位数)。当他被要求回忆听过的一系列单词时,他的表现处于非常优秀的范围(言语学习分数 =18,第 99 个百分位数)。在逐字重复简单句的测验中,他的表现处于中上范围(句子记忆分数 =13,第 84 个百分位数)。总体来说,言语记忆是科迪的一个强项。

情感功能

科迪的妈妈填写了 CBCL。她指出了科迪的一些轻微的焦虑问题(如担忧,和父母分离时有困难;第 93 个百分位数)。她也提到,科迪经常抱怨肚子疼、头疼、便秘和头晕。此外,科迪在认知速度缓慢量表上的得分也偏高(大于第 97 个百分位数)。他的妈妈也指出,科迪有时会貌似"一头雾水",经常做白日梦,完成任务很慢,而且精力不足。

总结

在老师的建议下科迪·萨姆纳由他的父母转介来诊所进行神经心理评估。父母和老师的担忧包括:① 完成学校作业速度慢;② 感官统合困难;③ 焦虑症状(如:恐惧、紧张)。本次评估的目的是了解科迪的强项和弱项,给出一个清晰的诊断,以协助他制订教育和治疗计划。

评估结果显示，科迪有很多强项，尤其在言语技能和与语言有关的学业方面（即阅读、拼写），他比同龄人更强。此外，大家都觉得他有创造力、善良、有同理心。总体而言，为科迪进行评估的过程很愉快。

评估结果也揭示了科迪的一些关键弱项。首先，科迪父母的报告以及行为观察和标准化测验的结果显示，科迪完成任务缓慢、注意力不集中、容易分心，而且做白日梦。这些问题导致了他在学校里完成任务缓慢。据老师汇报，科迪很难在课堂上跟上同伴的步伐。目前，科迪可以被诊断为有ADHD，注意力不足型。

什么是注意力缺陷多动障碍？

注意力缺陷多动障碍（ADHD）的特征是注意力不集中、冲动、过度活跃或所有这些问题的某种组合。ADHD分为3种类型：① 注意力不足型，这个类型的主要问题是注意力不集中，而不是多动或冲动；② 多动型，这种类型的主要问题是多动或冲动，而不是缺乏持续注意力；③ 混合型，这种类型是注意力不集中和多动或冲动的问题都存在。大约3%~5%的学龄儿童有ADHD，男孩患病比女孩更常见。

加工速度是他最大的弱项。和很多ADHD的孩子一样，科迪从脑海中提取信息很慢、不注意细节、做决定慢、在有时间压力时表现不佳。此外，他可能难以按照指示完成费脑力的任务，并且可能会丢失完成活动所需的材料，也可能会分心。这些困难对他在学校里的表现和社交关系产生了重大影响。在学业上，只要是有时间限制的测试科迪就会表现不佳。在社交上，他识别社交线索慢，会错过对话中的信息，经常和同伴们"不同频"。

科迪也表现出了和他的年纪不符的焦虑和恐惧。他害怕分离，对可怕的场景（比如电视上的刺激画面）过度敏感。科迪可能对这些令人焦虑的情景有身体反应，最显著的是胃痛、疲倦和头晕。

建议

1. 科迪在学校需要得到个性化的支持、合理便利和关注。我们建议通过以下的额外支持和调整帮助他在学校表现得更好。

（1）制订具体的、固定的日程安排使科迪更清楚学校的要求，为他提供视觉化的课表。

（2）把科迪的座位安排在离老师近的地方，远离可能的干扰（如窗外或走廊外的干扰）。

（3）通过经常重复的、易识别的提示引起科迪的注意，比如在给口头指令前先叫他的名字。

（4）在给予指令时确保得到科迪的视觉注意。他可能会需要频繁的口头和视觉提醒才能记得把作业、需要签字的文件等带回家。每天的家校沟通是非常必要的。

（5）使用多种教学方式。将口头解释与视觉辅助、演示和动手实验相结合对于科迪的成功至关重要。

（6）将指令拆分成容易理解的几部分，并一次只呈现一部分或两部分。科迪需要额外的时间完成任务。作业和测试也可能需要做一些调整。例如，如果完成一个课堂作业预计需要 30 分钟，那么科迪的作业就需要一些调整（比如减少作业量），这样他就能在规定时间里完成作业。

（7）把大任务拆分成几个小任务。最有效的方式是，科迪每达成一个小目标，老师就给予及时的反馈，这样可以帮助他达成最终的大目标。

2. 科迪的父母应该就此次评估的结果咨询儿童神经科医生或儿童精神科医生。他们应与这样的专业人员讨论用药物治疗科迪的注意力问题的可能性。

3. 以下建议可以帮助科迪改善在家的表现。

（1）留出额外的时间做每件事。时间限制或"赶时间"可能会让科迪不知措施或停滞不前。

（2）把任务分解成容易完成的几个部分。等一部分完成后再给下一个指令（例如，告诉他："把书放到书架上""把脏衣服放到洗衣篮里"而不是"打扫房间"）。

（3）提供一个固定的作息表。尽量把用餐时间、睡觉时间等安排在每天的固定时间，按照固定顺序进行。有任何变化，都要提前告知科迪并解释变化的原因。外出旅行时，尽可能地把新环境变得让科迪感到舒适和熟悉。

（4）提供一个备选的日程安排。帮助科迪理解计划是暂定的。例如："周六不下雨的话我们就去沙滩。如果下雨，我们就去电影院。"

（5）用平静的语气说话。有注意力问题和焦虑的孩子通常容易因为说话人的情绪激动而担忧。尽量不要让科迪听到听起来紧张、激动或有压力的话语。此外，也不要提高嗓音或大喊大叫，因为这可能会让科迪感到非常害怕。努力让自己做到平和冷静。

4. 科迪的自主时间对他来说是很重要的。每天都要给科迪留出时间放松并做他自己感兴趣的事情。父母也应该鼓励科迪参加各种家庭活动和学校活动，帮助他建立积极的社交关系。

5. 在科迪擅长的领域给予鼓励。每个孩子都需要一个自己可以发光的领域。这对于有学业困难的孩子尤为重要，因为他们经常在学校遇到挫折，科迪就是这种情况。特别是考虑到有注意力问题和早期焦虑症的儿童在以后的发育过程中有可能出现更严重的情绪问题，所以父母需要密切关注科迪的情绪状态。如果这些问题在一年或更长的时间内加重，父母就应该咨询儿童心理学家。

6. 建议2~3年后进行后续评估。可以根据到时候科迪面临的学业需求更新干预措施。这对科迪尤为重要，因为学业要求的变化可能会使他的表现截然不同。

我们很高兴见到科迪和他的家人。科迪是一位讨人喜欢的年轻人，我们很高兴能对他进行评估。如有任何问题，请随时与我们联系。

埃伦·布拉滕博士
持证心理学家

布赖恩·威洛比博士
持证心理学家

"我应该多久对孩子进行一次评估？"这个问题的答案完全取决于您孩子的年龄、问题的严重程度和孩子的具体问题。一般来说，孩子越年幼、问题越严重，评估就会越频繁。一个在制度严格的高中就读的青少年如果在考试中需要额外时间，他可能十年级以后就不需要再次评估了。然而，如果是一个 6 岁的孩子，他有严重的加工速度问题和 ADHD，而且还有新发现的学习障碍，就可能需要在小学刚开始的几年每年都进行评估。家长最好咨询评估者并听取他们的建议。我们经常会遇到很多家长后悔自己没有遵循后续评估的建议。

> **评估报告样本 2：莉萨**
>
> 神经心理评估　　姓名：莉萨·克莱门斯
>
> 　　　　　　　　年龄：17 岁 1 个月
>
> 　　　　　　　　年级：十一年级
>
> 　　　　　　　　生日：1996 年 5 月 19 日

转介原因

由于去年学习成绩不稳定，在儿科医生的建议下，莉萨由父母转介来诊所进行神经心理评估。尽管莉萨是一位非常聪明的年轻女性，但她的平均成绩却在 C 和 D 之间。本次评估的目的是找到她学业成绩不稳定的原因，了解她的强项和弱项，并协助她制订教育和治疗计划。

背景信息

个人信息

17 岁的莉萨即将就读马萨诸塞州一所私立学校的十一年级。她和妈妈杰姬、爸爸迈克尔、4 岁的弟弟住在一起。她的妈妈大学毕业，是一位律师助理。她的爸爸高中毕业，是一位汽车修理工。英语是家里唯一使用的语言。莉萨的妈妈是背景信息的主要提供者。

发育史和病史

莉萨的妈妈孕期正常，无特殊病史，足月生产。莉萨的翻身、独坐、行走和开口说话等发展里程碑都在正常范围内。特殊病史包括莉萨3岁时头部轻微受伤（从秋千上摔下来），但是后续在医院的复查结果显示并无大碍。莉萨有哮喘和轻度手部震颤问题。家族病史和精神科病史是她的一个叔叔有注意力方面的问题。

学业

学业上，莉萨的父母说莉萨非常聪明，在小学和初中成绩都很优秀。然而，尽管学习成绩不错，但她的妈妈指出，莉萨往往缺乏条理、健忘、完成任务慢，需要提醒和帮助才能完成作业。在高中一二年级，莉萨的表现不错，之后成绩开始下滑。今年是高中第三年，她刚开始的成绩在 B 左右，但是因为漏交、迟交作业，上课迟到，学习缺乏动力，成绩开始下滑。

社会关系

大家描述的莉萨是一位友好、讨人喜欢、性情平和的年轻女性。她有很多朋友，与家人的关系也很亲密。她没有抑郁、焦虑、激进或破坏性行为的历史。她在学校打曲棍球和篮球，也跳舞。莉萨说她以后想成为一名牙科医生。

▼▼

"我的孩子在小学和初中从来没有问题，为什么到了高中就跟不上了呢？"我们经常看到一些青少年顺利读完小学和初中后，在高中阶段陷入困境。这可能是由于高中对学生的各方面要求都提高了，尤其是对执行功能的要求（比如组织能力、提前计划、同时兼顾多门学科）。青少年会因为无法独立应对九年级（或后续年级）更繁重的任务，到高中才跟不上。

▾▾▾▾▾▾▾▾▾▾▾▾▾▾▾▾▾▾▾▾▾▾▾▾▾▾▾▾▾▾▾▾▾▾▾▾

行为观察

莉萨的评估是在一天中完成的。她是一位中等身高和体重的年轻女性，看起来和实际年龄相符。她穿着休闲 T 恤、牛仔裤和运动鞋，打扮得体。在评估期间，莉萨保持警觉但配合，眼神交流和社交互动都在预期之内。她开玩笑，和评估者一起开怀大笑，我们很容易就建立了融洽的关系。她的词汇量和语法掌握情况与她的年龄相符。尽管她需要重复指示的情况并不少见，但是她的注意力基本在预期范围内。此外，她完成任务的速度非常慢。在有时间压力时，她甚至更慢了。在临床面谈期间，莉萨有点拘谨，没有详细回答评估者提出的问题。但是，她在评估期间尽了最大的努力并坚持完成了困难的任务。因此，这次评估被认定是对莉萨当下各项能力有效的评估。

测验工具

韦克斯勒成人智力量表第四版（WAIS-IV）；韦克斯勒个体成就测验第 3 版（WIAT-III）；伍德科克 – 詹森成就测验第三版（WJA-III），流畅性分测验；比里 – 布坦尼卡视觉 – 动作统合发展测验（VMI）；加利福尼亚词语学习测试第二版（California Verbal Learning Test，CVLT-II）；德利斯－卡普兰执行功能系统（Delis-Kaplan Executive Function System，DKEFS），相关分测验；性格测试——青少年（Personality Assessment Inventory—Adolescent，PAI-A）；儿童行为评估系统第三版——家长评定量表（BASC-2）；执行功能行为评定量表——家长用（BRIEF-PR）；执行功能行为评定量表——自我报告（BRIEF-SR）；儿童症状清单-4——家长用（CSI-4）；发展历史表格；临床采访（莉萨/母亲）。

测验结果

智力功能

本次评估用 WAIS-IV 评估莉萨的智力功能。这个量表包括 2 项，一般智力功能水平测量［全量表智商（FSIQ）和一般能力指数（General Ability Index，GAI）］及 4 个指数分数。FSIQ 和指数分数的平均值为 100，标准差为 15。莉萨的得分如下表。

表 8　莉萨的 WAIS-IV 分数

WAIS-IV	综合得分	百分位数	质的描述
言语理解	112	79	中上
知觉推理	109	73	中等
工作记忆	98	45	中等
加工速度	87	19	中下
全量表智商	104	61	中等
一般能力指数	109	73	中等

总体而言，莉萨的智力水平在中等和中上范围内。考虑到几个指数分数之间的差异，她的全量表智商得分可能并不能很好地代表她的智力水平。特别是莉萨的言语理解（即常识和词汇）水平、知觉推理（即知觉模式分析）水平和工作记忆（即记住信息以完成任务的能力）水平明显优于她的加工速度（即信息加工的速率）。实际上，81%的同龄人的加工信息速度都比莉萨快。这些结果与行为观察时看到的莉萨完成任务非常慢这一情况是一致的。此外，考虑到莉萨的加工速度大幅拉低了她的全量表智商得分，所以一般能力指数（言语理解和知觉推理的合成量表）能更好地体现她的智力水平。

莉萨各项分测验（年龄参考）的分数如下表显示。分数为8~12，处于平均范围内（平均值 = 10；标准差 = 3）。

表 9　莉萨的单项分测验分数

言语理解分测验分数

分测验	分数	百分位数
类同	11	63
词汇	13	84
常识	11	63

知觉推理分测验分数

分测验	分数	百分位数
积木	13	84
拼图	11	63
矩阵推理	10	50

工作记忆分测验分数

分测验	分数	百分位数
算数	10	50
背数*	9	37

*顺序背数=12，倒序背数=7，排序=9。

加工速度分测验分数

分测验	分数	百分位数
译码	8	25
符号检索	7	16

学业成就

本次评估用 WIAT-III 和 WJA-III 中的分测验评估莉萨在阅读、数学、拼写这些基本方面的学业成就。下表显示了莉萨在这些测验中的实际标准分和预测标准分（平均值 = 100；标准差 = 15），以及相应的分数对应的百分位数和年级当量。

表 10　莉萨的学业成就相关测验部分分数

WIAT-III 分测验	实际标准分	预测标准分	百分位数	年级当量
读单词	107	96	68	>12:9
阅读理解	95	96	37	6:1
假字解码	95	97	37	8:9
数字运算	91	96	27	8:4
拼写	110	96	75	11:8
作文	107	96	68	—

（续表）

WJA-III 分测验	标准分	百分位数	年级当量
阅读流畅性	84	14	6:2
数学流畅性	84	14	6:2

莉萨的读单词、单词解码、数值计算、论文写作和拼写技能都很充分，也基本符合她的能力和年级的预期。她在阅读理解方面相对薄弱，一部分原因是她在阅读时注意力会分散。莉萨最弱的是，当她被要求在规定时间内阅读和解数学题时，她的阅读流畅性和数学流畅性都降到了六年级水平。考虑到她缓慢的加工速度，这个结果并不意外。

视觉技能

本次评估用 VMI 评估莉萨的视觉运动技能、知觉辨别能力及知觉和运动整合能力。在这个测验中，莉萨需要用纸笔照样子画 24 个几何图形，由易到难。她的视觉运动技能处于平均范围内（标准分 = 96，第 39 个百分位数）。

记忆力

本次评估用 CVLT-II 评估莉萨的记忆力。这个测验共有 5 次试验，莉萨听到了 15 个单词。她在最初编码足够数量的单词时表现出明显的困难（4/15），也在后续试验中学习新单词时表现出有困难（5，5，9）。第五次也是最后一次试验时，她学会了 15 个单词中的 8 个，低于预期。在呈现了干扰列表和短暂的延迟后，她只记得 15 个单词中的 6 个。即使评估者给了提示（比如提醒单词类型），她也没能想起更多单词（5/15）。总体来说，莉萨在这个测验中的表现表明，她在基于言语信息的编码方面存在问题（即将言语信息"储存"并记忆）。这些问题在有注意力和执行功能问题的人群中很常见。莉萨在复杂图形测验中记忆并画出图案的表现好很多。因此，她的视觉记忆是完好的。

注意力和执行功能

莉萨的妈妈汇报了她的注意力和行为表现。BASC-2 是一个标准化的评估工具，要求家长评估孩子的行为。莉萨在注意力不足方面显示出略高水平（家长量表注意力缺陷 = 第 84 个百分位数）。此外，对照 ADHD 症状列表，莉萨的妈妈说莉萨有时候有以下表现：容易忽略细节、无法遵循指令、难以组织任务和保管好所有材料。莉萨的妈妈还提到，莉萨有时健忘、容易分心、做事粗心并且回避需要持续脑力劳动的任务。虽然这些问题清楚地表明了莉萨有注意力相关的轻微问题，但是没有达到 ADHD 的临床诊断标准。关于莉萨的行为表现，她的妈妈在 BASC-2 家长量表和 ADHD 症状列表上都没有评价她为多动或冲动。

莉萨的执行功能（比如切换任务、组织能力、任务启动）由标准化测验和家长量表评估。本次评估用了 DKEFS。结果如下表所示（量表分平均值 = 10，标准差 = 3）。

表11 莉萨的 DKEFS 分测验分数

DKEFS 分测验	量表分	百分位数	分类
连线测验：运动速度	4	2	临界
连线测验：数字 – 字母转换	8	25	中等
言语流畅性：正确总数	5	5	临界
言语流畅性：转换准确度	4	2	临界

DKEFS 显示莉萨有轻微的执行功能问题。在需要快速转换的任务中（即快速并准确地从一种思考方式切换到另一种），她有不少困难。此外，在命名水果和命名家具之间切换时，她忘记了任务内容，开始命名蔬菜而不是水果。她在一项简单的运动速度测试中也有困难。

本次评估还用了家长评定量表和被试自评量表评估了莉萨的执行功能。在 BRIEF 家长评定量表中，莉萨的妈妈表达了她对莉萨记住信息完成任务的能力（家长报告工作记忆＝第 97 个百分位数）及提前计划/组织的能力（家长报告计划/组织＝第 92 个百分位数）的担忧。在自评量表中，莉萨也指出了自己在计划/组织（计划/组织＝第 97 个百分位数）及完成任务（例如完成作业，任务完成＝第 70 个百分位数）方面的轻微问题。莉萨指出，她没有提前考虑可能出现的状况，有时在没有必要材料的情况下就开始做项目，即使完成了作业也会忘记交，有很多项目未完成，而且完成任务速度很慢。

情感功能

本次评估用 PAI-A 评估莉萨的情感功能。这是一个自我报告问卷。PAI-A 的结果没有显示任何临床精神病理学的证据。也就是说，莉萨在以下方面没有重大问题：反社会行为、同理心、多疑或对抗、喜怒无常、冲动、不快乐或抑郁、异常高涨的情绪、焦虑、健康或身体机能、酒精/药物滥用或依赖。莉萨的自我评价总体上是稳定和积极的。在临床采访中，她提到在高中第一年时的确有些难以适应。此外，尽管不知道原因，她也提到了自己的成绩不稳定。

为了进一步评估莉萨的情感功能,她的妈妈完成了 BASC-2 的家长报告。莉萨的妈妈不认为莉萨有问卷中提到的有风险或有临床意义的任何问题。此外,在 CSI-4(一份可能的精神疾病诊断清单)中,她的妈妈认为莉萨不符合任何特定精神疾病的标准。

如何评估青少年的情感功能?

有很多种不同的方法可以评估情感功能。在每个评估中,评估者会问您和孩子有关情感功能的问题。通过您的回答,评估者会判断孩子是否有更严重的情绪问题需要评估。如果有的话,评估者就会使用问卷或像罗夏墨迹测验和主题统觉测验(Thematic Apperception Test,TAT)这样的投射测验。这两个测验分别要求青少年描述他们看到的墨迹和看图说话。对这些类型测验的回答让我们了解他们的潜在动机、感受和驱动力。评估者会结合人格和行为问卷与投射测验,全面了解青少年的心理、行为和情绪功能,还会提供最有帮助的治疗类型。

总结

由于学习成绩不稳定,在儿科医生的建议下,莉萨由父母转介来诊所进行神经心理评估。尽管莉萨被描述为是一位聪明的年轻女性,但她去年的学习成绩很差。本次评估的目的是找到她学业成绩不稳定的原因，了解她的强项和弱项，并协助她规划教育和治疗计划。

本次评估的结果显示，莉萨是一位迷人、讨人喜欢、有趣的年轻女性。她善于社交，彬彬有礼，并表现出十足的幽默感。尽管她有这些优点，评估结果也显示了可能导致她目前的学业困难的关键弱项。首先，评估显示，莉萨有加工速度缓慢和执行功能薄弱的问题。她很难快速完成任务、无法提前计划/组织、很难着手做事、不能着眼大局，也无法快速切换思维模式。从脑神经学的角度来说，这些都是前额叶的功能。在学校环境里，这些问题会表现为：难以提前规划长期项目、忘记提交作业、无法完成课堂作业、在时间紧迫时表现不佳、无法有效管理时间、不能长时间集中注意力，也跟不上其他同学的节奏。虽然刚开学时莉萨可能表现良好（可能是因为前几个月的新鲜感和节奏缓慢），但是她很快就会被学习任务压得喘不过气来，学业成绩也会下降。

另外，莉萨在注意力和"吸收"信息方面也有些问题，这使她难以记住口头提供的信息。也就是说，跟同龄人相比，她在接收信息和以有意义的方式存储信息以便日后可以从记忆中检索时遇到了很多困难。这些记忆问题似乎和她薄弱的执行功能相关，因为她没有一个系统的或有组织的策略（比如把信息分类）记住信息。根据本次评估的结果，执行功能、注意力和编码这几个方面的问题共同导致了莉萨的学业表现不理想。虽然这些问题在有 ADHD 的儿童和青少年中很常见，但是莉萨的症状目前并没有达到临床意义上的可以被诊断为 ADHD 的标准。不过，值得注意的是，很多针对 ADHD 青少年的合理便利和治疗方案可能对莉萨也有效。

在心理健康方面，莉萨此时没有显示出任何情绪（如焦虑）或行为障碍。她有积极的自我评价。此外，她是一位自信、乐观的年轻女性，在面对压力时具有韧性和适应性。根据本次评估的结果，没有明确的情绪或心理问题可以解释她目前的学业困难。

总体而言，莉萨是一位善良、自信、外向的年轻女性，有非常关爱她的家人。根据本次评估的结果，我们给她提出了一些建议。

建议

1. 莉萨需要在目前的学校安排中获得合理便利和支持，解决她在执行功能和记忆方面的问题。为提高莉萨总体的学习成绩，应实施以下措施。

（1）给莉萨额外的时间完成作业、任务和考试。不要因为速度慢而惩罚她，这一点非常重要。此外，减少作业量和考试延时会对她很有帮助。她符合可以申请在如学术能力水平考试（SAT）这样的标准化考试中加时 50% 的标准。

（2）让莉萨坐在离老师近的位置（即教室前排）。

（3）如果需要，提醒莉萨多休息。

（4）给予频繁的反馈。

（5）给予的指令要简短精要。

（6）给予一对一的辅导。

（7）考试前提供复习重点和学习清单。

（8）减少教室里的干扰源。

（9）提醒莉萨交作业和把完成作业所需要的材料带回家。

（10）把长期的任务拆分成几个步骤，为每个步骤设置截止日期。

2. 由于莉萨在执行功能方面存在困难，因此有位辅导老师会对她有帮助。这位辅导老师可以教她如何组织、计划、管理时间、学习技能，还有自我监控。如果学校工作人员无法提供每周 1 次的服务，莉萨的父母可以考虑为莉萨聘请一位私人的执行功能辅导老师。这位老师也可以在阅读理解方面给莉萨提供额外的支持和补偿策略，比如提前阅读问题、划出关键信息，以及根据文本做出预测或推论。

3. 莉萨的自主时间对她来说是很重要的。每天放学后留出时间让她放松和做她自己感兴趣的事情。父母也应该鼓励她继续参加各种家庭活动和学校活动，促进积极的社交关系。

4. 利用高科技产品帮助莉萨改善执行功能和记忆力，比如有提醒功能的手表或手机。

5. 建议 2~3 年后进行后续评估监测莉萨的进步情况并评估干预效果。

我们很高兴见到莉萨和她的家人。莉萨是一位迷人和讨人喜欢的年轻女性。我们很高兴能对她进行评估。

埃伦·布拉滕博士
持证心理学家

布赖恩·威洛比博士
持证心理学家

＊　＊　＊

这两份报告样本向您展示了如果您找专业人士评估孩子大概会是怎么样的。这些报告中的建议是关键,因为评估者会根据您孩子的具体情况给出针对性的建议。遵循这些建议会给您的孩子带来很大的进步。这些报告不仅能帮助您更好地理解孩子的强项和弱项,还可以帮助老师和其他与孩子接触的专业人士了解您的孩子。

Copyright © 2014 The Guilford Press
A Division of Guilford Publications, Inc.
Published by arrangement with The Guilford Press

北京市版权局著作权合同登记号：图字01-2023-1851号

图书在版编目（CIP）数据

聪明却拖拉的孩子：如何帮孩子提高效率 /（美）埃伦·布拉滕（Ellen Braaten），（美）布赖恩·威洛比（Brian Willoughby）著；顾凯妮译. -- 北京：华夏出版社有限公司，2024.7

书名原文：Bright Kids Who Can't Keep Up: Help Your Child Overcome Slow Processing Speed and Succeed in a Fast-Paced World

ISBN 978-7-5222-0675-2

Ⅰ.①聪… Ⅱ.①埃… ②布… ③顾… Ⅲ.①心理健康—家庭教育 Ⅳ.①G444②G78

中国国家版本馆 CIP 数据核字（2024）第 046571 号

聪明却拖拉的孩子：如何帮孩子提高效率

作　　者	［美］埃伦·布拉滕　［美］布赖恩·威洛比
译　　者	顾凯妮
策划编辑	薛永洁
责任编辑	张红云　张冬爽
责任印制	顾瑞清

出版发行	华夏出版社有限公司
经　　销	新华书店
印　　装	三河市万龙印装有限公司
版　　次	2024 年 7 月北京第 1 版　2024 年 7 月北京第 1 次印刷
开　　本	880×1230　1/32 开
印　　张	6.5
字　　数	144 千字
定　　价	49.00 元

华夏出版社有限公司　地址：北京市东直门外香河园北里 4 号　邮编：100028
网址：www.hxph.com.cn　电话：（010）64663331（转）
若发现本版图书有印装质量问题，请与我社营销中心联系调换。